THE
MYSTICAL
YEAR

THE
MYSTICAL
YEAR

ZWÖLF MAGISCHE MONATE
VOLLER MYTHEN UND BRÄUCHE

ALISON DAVIES

MIT ILLUSTRATIONEN VON
ANASTASIA STEFURAK

AUS DEM ENGLISCHEN VON
JANIKA KRICHTEL

KNESEBECK

Inhalt

Willkommen 6

JANUAR 9   JULI 73

FEBRUAR 19   AUGUST 83

MÄRZ 31   SEPTEMBER 95

APRIL 41   OKTOBER 105

MAI 51   NOVEMBER 115

JUNI 63   DEZEMBER 127

Glossar 136

WILLKOMMEN

Willkommen im *Mystical Year*, einer bunten Sammlung an Ereignissen und Feierlichkeiten, die tief im Volksglauben verwurzelt sind, einer Auswahl all der magischen Dinge, die die wechselnden Monate und Jahreszeiten und die zyklische Natur unseres Planeten widerspiegeln. Von den Weisheiten der Native Americans über die Geschichten der griechischen Mythologie und heidnischen Sagen bis hin zu Traditionen des Römischen Reiches; der Wissensschatz verschiedenster Traditionen und Kulturen ist riesig. Ob Pflanzen und Blumen oder Kristalle und Tarotkarten, dieser Leitfaden kann all jenen, die eine mystische Neigung besitzen, als Einstieg dienen, als Möglichkeit, die Erde zu ehren und jeden Monat die eigenen innewohnenden Kräfte freizusetzen.

Bringe dich in Einklang mit Mutter Natur. Tanze zu ihrem Rhythmus und lass dich von ihr auf deinem Weg durch das Jahr leiten. Lerne mithilfe der monatlichen Themenseiten etwas über die Hintergründe der Wicca-Traditionen. Begehe die Sonnenwende. Verbinde dich mit der Energie der Tagundnachtgleiche und lass dich von den Gezeiten des Mondes inspirieren. Lerne, was jeder Monat und jede Jahreszeit dir zu bieten hat, nutze dazu auch die Tipps und Übungen in diesem Buch oder entwirf eigene, um dir ihr Potenzial zunutze zu machen und dieses Jahr zu deinem bisher mystischsten zu machen!

JANUAR

Der Fjord mit seinen Inseln liegt
wie eine Kreidezeichnung da;
die Wälder träumen schnee-umschmiegt,
und alles scheint so traulich nah.
So heimlich ward die ganze Welt ...
als dämpfte selbst das herbste Weh
aus stillem, tiefem Wolkenzelt
geliebter, weicher, leiser Schnee.

Christian Morgenstern
»Winter«

JANUAR

Name des Vollmondes
WOLFSMOND

An der Schwelle zum neuen Jahr tun es die Wölfe dem kalten Nebel gleich und versammeln sich im Schein des Mondes. Ihr sanftes Heulen wird vom Wind davongetragen. Für viele Urvölker verkündete ihr Heulen einen Neubeginn, weshalb der Mond in diesem Monat ihren Namen trägt. Jedem Vollmond wohnt eine starke Magie inne und in Verbindung mit dem Wolf dreht sich bei diesem alles um Selbstentfaltung. Diese Tiere wissen, wie man seine Stimme erhebt und seine Gefühle zum Ausdruck bringt. Als Rudeltiere nehmen Wölfe unterschiedliche Rollen innerhalb ihres Familienverbandes ein. Sie wissen, wie man zusammenarbeitet.

Überprüfe unter dem Wolfsmond, wo dein Platz in der Gesellschaft ist, mit welchen Talenten du gesegnet bist und wie du diese dem Rest der Welt zum Ausdruck bringen kannst.

Wolfsmondzauber für Selbstvertrauen

Singe Loblieder auf dich und sei stolz darauf, wer du bist!

- Schreibe im Schein des Wolfsmondes eine Liste all deiner Begabungen und Stärken. Wenn du dir nicht sicher bist, was alles dazugehört, hole ein paar Freunde mit an Bord und frage sie nach ihrer Meinung.
- Wenn du mindestens zehn Punkt auf deiner Liste stehen hast, atme einmal tief durch und lies sie dir laut vor. Das fühlt sich zunächst vielleicht seltsam an, doch halte durch und du gewöhnst dich schnell daran, deine eigene Großartigkeit wahrzunehmen!
- Mache dies zu einer regelmäßigen Praxis und füge deiner Liste im Laufe des Monats immer neue Punkte hinzu.

GOTTHEIT DES MONATS

JANUS

Der Monat Januar verdankt seinen Namen dem römischen Gott Janus. Diese geheimnisvolle Gottheit hat zwei Gesichter, eines, das zurück in die Vergangenheit blickt, und eines, das voraus in die Zukunft schaut und zu allen Dingen, die da kommen werden. Bekannt als der Gott der Weggabelungen, assoziiert man Janus mit dem Fluss der Zeit, mit Anfang und Ende.

JANUSZAUBER FÜR GLÜCK

Führe diesen Zauber im Laufe des gesamten Jahres regelmäßig durch.

- Durchschreite mit einer goldenen oder silbernen Münze in der Hand eine Türschwelle.
- Während du dies tust, sage: »Von der Vergangenheit in die Zukunft, von dieser Tür zur nächsten. Mit dem Glück Hand in Hand, ich bin gesegnet.«

KRISTALL DES MONATS

GRANAT

Häufig für Talismane verwendet, wurde der Granat im mittelalterlichen Europa vor allem als Schutzstein genutzt. Den Native Americans und den Azteken heilig, soll er die Kreativität steigern, die Stimmung heben und Gefühle ins Gleichgewicht bringen. Er wird als Glücksbringer getragen, der dem Träger in allen Lebensbereichen zu Erfolg verhilft, und wird traditionellerweise mit den Menschen in Verbindung gebracht, die in diesem Monat geboren wurden.

JANUAR

Pflanze des Monats

SALBEI

Bekannt als *Salvia officinalis* (*salvia* heißt retten oder heilen), wird Salbei für viele Zwecke genutzt, aber vor allem für Heilung und Schutz. Die alten Ägypter nutzten ihn für Mixturen zur Förderung der Fruchtbarkeit, die Griechen und Römer, um Fleisch haltbar zu machen. Die Römer nutzten ihn zudem dazu, ihre Götter um gute Ernte anzurufen. Man glaubte, Salbei könne das Gedächtnis und die Gehirnleistung verbessern. Oft wurde er bei Beerdigungen verbrannt, um bei der Trauer zu helfen oder den heiligen Raum zu reinigen.

JANUAR

SALBEIZAUBER ZUR WUNSCHERFÜLLUNG

Salbei hat die Macht, dir bei der Verwirklichung deiner Wünsche zu helfen – ideal für einen Neujahrszauber. Du benötigst hierfür drei große Salbeiblätter und einen Filzstift.

- Nimm bei zunehmendem Mond (wenn er voller wird) drei Salbeiblätter in deine Hände und denke über all die Träume nach, die du gerne im kommenden Jahr verwirklichen möchtest. Lege dich auf drei Wünsche fest. Wähle aus, was dir besonders am Herzen liegt.
- Überlege dir für jeden Wunsch ein Wort, das diesen gut zusammenfasst, dann schreibe diese mit dem Filzstift auf je eines der Salbeiblätter.
- Lege die Blätter unter dein Kopfkissen und schlafe drei Nächte lang auf ihnen.
- Lies dir jeden Abend vor dem Schlafengehen die drei Wörter durch. Achte darauf, jeden Traum genau festzuhalten, denn in ihnen können sich Möglichkeiten offenbaren, um deine Ziele zu erreichen!
- Hole die Blätter am vierten Tag unter deinem Kissen hervor und vergrabe sie an einem Ort deiner Wahl in der Erde.

SALBEIZAUBER ZUR REINIGUNG

Salbei eignet sich gut zur Reinigung von Geist, Körper und Seele sowie von Räumen. Man kann spezielle Salbeibündel kaufen, die man anzündet, wodurch sie einen wohlriechenden Duft ausströmen. Diese Bündel kann man um den eigenen Körper führen oder durch jedes Zimmer des eigenen Zuhauses tragen, um diese von negativen Energien zu befreien. Dieses Vorgehen nennt man »Verschmieren«.

Alternativ kannst du frische Salbeiblätter in kochendem Wasser einweichen, sie in das Zimmer stellen, das du reinigen möchtest, oder den Wasserdampf um dich wehen lassen.

BRÄUCHE UND TRADITIONEN

Im Mittelalter nutzten junge Mädchen im Januar die Kraft des Neumondes dazu, herauszufinden, wann sie ihrem zukünftigen Ehemann begegnen würden. Sie schauten durch ein ungewaschenes Taschentuch zum Mond hinauf und zählten dabei, wie viele Mondschatten sie erkennen konnten. Diese symbolisierten die Anzahl der Jahre, die sie noch auf ihre wahre Liebe warten mussten.

Neumond-Liebeszauber

Heutzutage sorgen wir zumeist selbst für unser Glück und unsere Liebe, doch wenn es dir in den Fingern juckt, ein wenig Neumondzauber auszuprobieren, zünde einfach eine weiße Kerze an. Wünsche dir etwas, betrachte das Gewünschte vor deinem inneren Auge und lass der Kerze die Zeit, die sie benötigt, um herunterzubrennen.

VOLKSGLAUBE

Im Süden der Vereinigten Staaten von Amerika isst man am ersten Januar schwarze Bohnen in dem Bestreben, Glück und finanzielle Sicherheit anzuziehen. Auch Linsen sind sehr beliebt, da diese mit Geld assoziiert werden.

Neujahrszauber für Geld

Bereite einen Topf voll Linsensuppe zu. Rühre sie langsam um, während sie vor sich hin köchelt, und visualisiere dabei deine verbesserte finanzielle Lage!

JANUAR

Vogel des Monats

EULE

All ihre Sinne nutzend, bewegt sich die weise Eule mit Kraft und Würde durch die Nacht. Als mächtiger Jäger und Symbol der unsichtbaren Welt galt sie im Mittelalter als schlechtes Omen. Man brachte sie früher mit dem Tod in Verbindung, jedoch war nicht der physische Tod gemeint. Sie steht für den Übergang in einen anderen Zustand, wie vom Wachsein zum Unbewussten im Traum. Der prächtige Vogel sieht im Dunkeln und steht der Intuition und dem Mystischen nahe.

Eulenzauber für den sechsten Sinn

Lass die Eule dich leiten, um deinen sechsten Sinn zu entfalten. Nimm ein Bild einer Eule, sieh ihr in die Augen und bitte um eine Vision. Sei geduldig und halte in deinem Alltag nach Zeichen Ausschau.

JANUAR

TAROTKARTE DES MONATS
DER STERN

Ein Symbol der Hoffnung, des Glaubens und der Erneuerung, denn der wunderschöne Stern bringt Licht in die Dunkelheit. Sein Schein heißt dich willkommen und verkündet dir eine Zeit des Friedens und der Harmonie. Wird die Sternkarte bei einer Sitzung gezogen, ist sie ein Zeichen, dass die Person, für die die Karten gelegt wurde, wahrlich gesegnet ist. Sie hat das Potenzial, Großes zu erreichen, alles, was sie sich vorgenommen hat. Es gibt keine Grenzen. Es ist Zeit, nach den Sternen zu greifen und den Gewinn einzufordern.

JAHRESRAD

Das Jahresrad bildet mit seinen acht Hauptfesten – Sabbate, begangen von Hexen im Laufe des Jahres – die Grundlage des Wicca-Kalenders. Vier der Feste sind der Sonne gewidmet: zwei Sonnenwenden und zwei Tagundnachtgleichen. Erstere markieren den Mittsommer, oder Litha, wenn die Sonne am höchsten steht und die Tage am längsten sind, und den Mittwinter, auch Julfest, wenn die Tage am kürzesten sind. Dazwischen liegen die Frühlings- und Herbsttagundnachtgleichen, Ostara und Mabon, wenn die Sonne den Äquator kreuzt und die Tage und Nächte etwa gleich lang sind. Die übrigen vier Feste, Imbolc, Beltane, Lughnasadh und Samhain, sind der Erde gewidmet. Jedes hat eigene magische Rituale und wird von Zirkeln abgehalten. Hexen, die lieber allein feiern, vollziehen ihr Ritual in ganz eigenem feierlichen Rahmen. Das Jahresrad symbolisiert den immerwährenden Kreislauf des Lebens und der Jahreszeiten. Jedes Fest repräsentiert eine Speiche des sich ständig drehenden Rades.

DER STERN

FEBRUAR

Im Winde wehn die Lindenzweige,
Von roten Knospen übersäumt;
Die Wiegen sind's, worin der Frühling
Die schlimme Winterzeit verträumt.

Theodor Storm
»Februar«

FEBRUAR

Name des Vollmondes
Schneemond

Wenn der Mittwinter Einzug hält, bringt er den verheißungsvollen Schneemond mit sich, der seinen Namen trägt, weil in diesem Monat in Nordamerika die Wahrscheinlichkeit für Schnee am höchsten ist. Er wird auch Knochenmond oder Eismond genannt. Die Native Americans nennen ihn Hungermond, da in dieser Zeit Nahrung meist knapp war.

Für viele Urvölker war der Februar stets mit Mühsal verbunden. Der Kampf ums Überleben hatte seinen Höhepunkt erreicht, doch auch wenn sie sich der eisigen Kälte stellen mussten, wussten sie doch stets, dass ihnen auch wieder bessere Zeiten bevorstanden. In diesem Monat solltest du also die Hürden in deinem Leben genauer in Augenschein nehmen. Denke stets daran, dass es immer weitergehen wird, was auch passieren mag. Das Rad des Jahres dreht sich weiter und so wie die Jahreszeiten wechseln werden, wird sich auch deine Situation verändern!

Schneemondzauber für mehr Ordnung

Der Schneemond erinnert uns daran, dass das Leben stets weitergeht und dass es an der Zeit ist, den eisigen Mantel des Winters abzuwerfen. Folge diesem Beispiel und lege ab, was dich zurückhält.

Bringe Ordnung in dein Leben! Sieh dich um und entscheide, was dir wirklich wichtig ist, was du noch brauchen und was du entsorgen kannst. Rücke deinem Kleiderschrank zu Leibe und gib Kleidung weg, die du seit mehr als einem Jahr nicht mehr getragen hast. Betrachte auch Gewohnheiten – alles, was du täglich tust –, die dir nicht mehr guttun. Erstelle eine Liste davon und gehe sie nacheinander an. Vermeide außerdem negative Gedanken.

HAUPTFEST
IMBOLC: AM 1. ODER 2.

Zu dieser Zeit des Jahres ist Mutter Erde schwanger an neuen Möglichkeiten. Sie atmet noch einmal tief ein, um im Frühling bereit zur Tat zu sein. Dies ist ihre letzte Atempause, bevor sie wieder richtig loslegt. Das keltische Fest Imbolc – was so viel heißt wie »im Bauch« – findet zu Beginn des Monats statt und ist bekannt als das Wiedererwachen des Jahres, da die Natur nun wieder an Fahrt aufnimmt, um den Frühling zu begrüßen. Das Leben in der Erde regt sich aufs Neue und die ersten Lämmer werden geboren. Das Land erwacht, da die keltische Göttin Brigid heranschreitet. Sie ist die Göttin der Heilung, der Poesie und der Schmiedekunst und auch als Feuergöttin sehr beliebt. Sie kann dir helfen, eine Saat für die Zukunft zu säen.

IMBOLCZAUBER FÜR ENERGIE

Um die Ankunft des Frühlings zu feiern und Brigids belebende Energie zu nutzen, bastle eine Bridig-Puppe. Dazu benötigst du etwas festen Stoff, getrocknete Kräuter und Blumen, Wolle, Nadel und Faden.

- Erstelle eine Vorlage für die Puppe – sie muss nicht aufwendig sein.
- Schneide aus einem Stoff zwei Puppenformen heraus.
- Vernähe die Ränder, lass eine Seite offen, um das Ganze mit getrockneten Kräutern, Blumen und Wolle zu füllen.
- Wenn du für das kommende Jahr einen Wunsch hast, schreibe diesen auf einen Zettel und lege auch diesen hinein, bevor du alles zunähst.
- Wenn du damit fertig bist, lege deine Puppe als Erinnerung an Brigids lebensspendende Energie auf eine Fensterbank.

FEBRUAR

Kristall des Monats
AMETHYST

Die alten Griechen und Römer glaubten daran, dass dieser Stein sie vor Trunkenheit bewahren kann. Daher wurde er oft von Seemännern getragen oder Trinkgefäße mit ihm besetzt. Er wird auch mit Spiritualität in Verbindung gebracht und soll den Geist beruhigen, mediale Kräfte verstärken und seinen Träger beschützen. Soldaten trugen oft in Gefechten zum Schutz einen Stein bei sich. Der wundervolle violette Farbton ist ein Gruß an den römischen Gott Bacchus, der den ursprünglich weißen Kristall mit Weintrauben gefärbt hat.

Amethystzauber für mediales Verständnis

Mit einem Amethyst zu meditieren kann dir dabei helfen, deine medialen Kräfte freizusetzen.

- Halte einen Amethyst über das Chakra des dritten Auges, das Zentrum deiner intuitiven Energie in der Mitte deiner Stirn.
- Schließe deine Augen und stelle dir eine violette Blume vor, die sich an dieser Stelle öffnet.
- Atme, entspanne dich und lass alle medialen Botschaften in deinen Geist fließen.

FEBRUAR

BLUME DES MONATS
SCHNEEGLÖCKCHEN

Die kleinen weißen Juwelen der Hoffnung sind auch bekannt als Hübsches Februar-Mädchen. Sie symbolisieren Reinheit und Tugend und fördern die Heilung. Sie besitzen eine erbauliche Energie und können dabei helfen, die Vergangenheit hinter sich zu lassen und zukünftiges Glück zu finden.

SCHNEEGLÖCKCHENZAUBER FÜR KREATIVITÄT

Gehe hinaus und suche ein paar Schneeglöckchen. Finde Inspiration durch ihre Schönheit und bringe diese zu Papier. Zeichne, was du siehst, verfasse ein Gedicht oder eine Geschichte. Auch wenige bedeutsame Worte haben bereits eine erbauliche Wirkung und können deine Kreativität entfachen.

FEBRUAR

Tier des Monats
OTTER

Diese magische Kreatur fühlt sich an Land und im Wasser wohl und verkörpert die Energie des Wassers wie auch die der Erde. In vielen Kulturen gilt der verspielte und entspannte Otter als Abenteurer, der im Leben oder in den Träumen derjenigen auftaucht, die sich von etwas lossagen möchten und etwas Spaß gebrauchen können. Seine Affinität zu Wasser zeigt seine Verbindung zum göttlich Femininen. Er stellt eine lebensspendende und heilende Naturkraft dar.

Otterzauber zum Hindernisse-Überwinden

Nutze die Energie des Otters für dich und spaziere an einem Fluss entlang. Schau zu, wie das Wasser fließt und Strudel bildet. Trifft es auf einen Stein, bahnt es sich seinen Weg, neue Muster bildend, und lässt sich wie der Otter zu neuen Abenteuern davontreiben. Überlege, über welche Hindernisse du hinwegtreiben und welche du vorbeiziehen lassen kannst.

KRISTALLE

Kristalle sind Mineralien, die im Erdboden geformt werden und bestimmte energetische Eigenschaften besitzen. Sie haben die Kraft, Energien zu verstärken, und können zur Heilung und bei mystischen Ritualen eingesetzt werden.
Es gibt sie in allen Formen, Größen und Farbtönen und sie können als Schmuckstücke getragen werden. Wenn du vorhast, mit einem Stein zu arbeiten oder ihn zur Heilung einzusetzen, ist es wichtig, einen auszuwählen, der zu dir passt. Achte darauf, wie du dich fühlst, wenn du einen Stein in den Händen hältst. Ein leichtes Kribbeln bedeutet, dass du dich mit seiner Energie verbindest. Steine können auch für einen bestimmten Nutzen aufgeladen werden, indem man seine Absicht beim Ausatmen in sie hinein pustet.

Verwahre deine Steine sorgsam und wasche sie regelmäßig in Regenwasser, am besten bei Mondschein, um ihre Energie zu erhalten und zu verstärken.

FEBRUAR

Tarotkarte des Monats
Der Mond

Dieser leuchtende Himmelskörper fasziniert die Menschen bereits seit Jahrhunderten. Als Herrscher über den Nachthimmel wirft er einen sanften Schein über das irdische Reich und verleiht ihm dadurch eine ätherische Schönheit. Als Symbol wird er mit Magie, Rätselhaftigkeit und Intuition in Verbindung gebracht, was nicht überrascht, wenn man bedenkt, dass im Schein des Mondes alles anders scheint als zuvor. Im Tarot fordert er uns auf, auch einmal unter den Schleier zu blicken und unseren Instinkten zu vertrauen, anstatt immer alles direkt für bare Münze zu nehmen. Wird diese Karte gelegt, ist die Botschaft ganz einfach: Sei kreativ, nutze deine Vorstellungskraft und arbeite mit den Phasen des Mondes, um deine Träume zu verwirklichen.

DER MOND

FRÜHLING

Etwas schlängelt sich durch den Bauch der Erde. Die Verheißung neuen Lebens, hübsche Blüten und die Rückkehr der Sonne. Der Frühling hat begonnen und mit ihm die Energie der Erneuerung. Hoffnung und Zuversicht sind die zentralen Themen dieser Jahreszeit und damit einhergehend das stetig wachsende Vertrauen darauf, wer man ist und was man erreichen möchte.

Hier ein paar Höhepunkte, die den Beginn dieser Jahreszeit kennzeichnen.

MÄRZ

MOND – Wurmmond

Zauber für die Zukunft, Fruchtbarkeit, heilende Energie, Zuversicht und Glück

BRAUCHTUM – Frühlingstagundnachtgleiche, Ostara

KRISTALL – Aquamarin

PFLANZE – Thymian

VOGEL – Spatz

TAROT – Der Herrscher

APRIL

MOND – Rosa Mond

Zauber für die Wunder der Natur, Liebe, Lebenskraft, eine positive Atmosphäre, Anmut und Familie

GOTTHEIT – Aphrodite

KRISTALL – Blutjaspis

PFLANZE – Minze

TIER – Hase

TAROT – Der Hierophant

MAI

MOND – Blumenmond

Zauber für Licht, zur Begrüßung von Mutter Erde, Feensegen, Glück und einen Energieschub

GOTTHEIT – Flora

BAUM – Weißdorn

KRISTALL – Jade

BRAUCHTUM – Beltane

VOGEL – Nachtigall

TAROT – Die Liebenden

MÄRZ

Leise zieht durch mein Gemüt
Liebliches Geläute.
Klinge, kleines Frühlingslied,
Kling hinaus ins Weite.

Kling hinaus, bis an das Haus,
Wo die Blumen sprießen.
Wenn du eine Rose schaust,
Sag ich laß sie grüßen.

Heinrich Heine
»Frühlingsbotschaft«

MÄRZ

Name des Vollmondes
WURMMOND

Die Native Americans ließen sich von den wellenförmigen Spuren der Würmer im Eis inspirieren, weswegen sie dem letzten Vollmond des Winters seinen Namen geben. Er ist auch bekannt als der keusche Mond, Rindenmond oder Sirupmond, da dies auch der Monat des Ahornsirups ist.

Wenn dieser Mond aufgeht, bringt er neues Leben mit sich. Die Erde taut langsam auf und die steigende Wärme bringt die Würmer dazu, sich auf den Weg zu machen. Ein neuer Zyklus hat begonnen und alles ist möglich! Dies ist die Zeit der Vorbereitungen, also lass dich von Mutter Natur leiten und bereite dich auf kommende Abenteuer vor. Lass die Ideen sprudeln und wähle diejenigen aus, die hängen bleiben, und mach dich bereit zum Angriff!

Wurmmondzauber für die Zukunft

Mache es wie der zapplige Wurm und hinterlasse deine Spuren im Schnee!

- Nimm dir ein Blatt Papier und einen Stift und denke an all das, was du gerne erreichen würdest. Selbst, wenn du noch keinen konkreten Plan hast, überlege dir, wie du dich in den kommenden Monaten fühlen möchtest, zum Beispiel glücklich, erfüllt, erfolgreich oder energiegeladen.
- Setze deinen Stift auf die Mitte des Papiers und zeichne einen Kreis. Lass dann deine Gedanken schweifen und schaue, wohin dich die Zeichnung führt. Mit anderen Worten: Kritzel einfach drauflos!
- Genieße das Geschehen. Wenn du ein Muster erkennen kannst, male es bunt aus. Dies ist dein persönliches Mandala, ein Symbol deiner Seele, auf das du dich konzentrieren kannst, wenn du einmal Inspiration brauchst.

HAUPTFEST
FRÜHLINGSTAGUNDNACHTGLEICHE: 19. BIS 21.

Die Himmelserscheinung Ostara markiert die Frühlingstagundnachtgleiche, einen Zeitpunkt, an dem die Energien von Licht und Dunkel im Gleichgewicht sind. Die Sonne bleibt im Hintergrund und wartet darauf, mit neuer Energie hervorzubrechen. Der Frühling ist erwacht, und die Tage werden wieder länger. Hoffnung, Glaube und Erneuerung sind jetzt für all jene mit einer mystischen Neigung die großen Themen. Die Natur erwacht zu neuem Leben, ein Gefühl von Überfluss kommt auf. In der Antike würde man zu dieser Zeit die Fruchtbarkeit der Erde feiern und dem Frühling seinen Dank aussprechen.

OSTARAZAUBER FÜR FRUCHTBARKEIT

Mit Ostara verbindet man Eier, denn diese sind ein Symbol für Fruchtbarkeit und Ganzheit. Sie bringen die weibliche und die männliche Energie zusammen und repräsentieren die Balance zwischen Licht und Dunkelheit.

- Bereite ein paar hart gekochte Eier zu und lass sie abkühlen.
- Werde kreativ und verziere sie mit Frühlingsblumen und Wünschen für Glück und Wohlstand.
- Verwende sie als Tischdekoration und als Erinnerung an die Kraft der Frühlingstagundnachtgleiche.

MÄRZ

Kristall des Monats
AQUAMARIN

Betrachtet man seinen zarten Blauton, versteht man, wieso die alten Griechen glaubten, im Herzen dieses Steins ruhe die Seele des Meeres. Sein Name kommt vom lateinischen Wort für Meerwasser und der Stein wurde oft von Seefahrern als Talisman bei gefährlichen Überfahrten getragen. Die alten Ägypter ließen ihn in Amulette ein und im Mittelalter sollte er Frischvermählten Liebe und Treue garantieren. Man glaubte, er beschere Glück und ewige Jugend, und auch beruhigende und Klarheit schaffende Wirkung wird ihm zugeschrieben.

Aquamarinzauber für heilende Energie

Halte den Stein in beiden Händen. Schließe die Augen und stelle dir vor, wie du im Meer treibst. Du fühlst dich leicht wie eine Feder, die Wellen tragen dich. Stelle dir beim Einatmen vor, wie mit jedem Atemzug die sanfte blaue Energie in dich strömt.

Pflanze des Monats
THYMIAN

Bekannt als Pflanze des Mutes und der Tapferkeit, wird Thymian seit Jahrhunderten genutzt, um in schwierigen Situationen Stärke zu finden. Sein Name kommt von *thymus*, dem griechischen Wort für Mut, und häufig wurde er in Form eines Aufgusses als Mutmacher getrunken. Auch Feen werden mit diesem wilden Kraut in Verbindung gebracht. Häufig pflanzte man Thymianbeete in den Garten, um das Feenvolk anzulocken. Die Römer erkannten die medizinischen Eigenschaften dieser Wunderpflanze und nutzten sie zur Förderung der Verdauung und als Antiseptikum.

Thymianzauber für Zuversicht

Braue diesen stärkenden Trank, um deine Nerven zu beruhigen und dein Selbstvertrauen zu stärken.

Du benötigst hierzu eine Handvoll frisch gehackten Thymian, eine geviertelte Zitrone, einen Esslöffel Honig, kochendes Wasser, eine kleine Schüssel, ein Sieb und einen Krug.

- Übergieße den Thymian und die Zitrone in der Schüssel mit dem kochenden Wasser, sodass es den Thymian und die Zitronenspalten gerade so bedeckt.
- Lass das Ganze für mindestens zehn Minuten ziehen.
- Gieße den Sud durch ein Sieb in den Krug und entsorge den Rest.
- Rühre einen Löffel Honig hinein und wiederhole dabei das Bekenntnis: »Mut ist mein Schicksal.«
- Genieße den Trank schlückchenweise und lass den mystischen Aufguss seine Wirkung entfalten!

MÄRZ

REDENSARTEN UND VOLKSGLAUBE

Der März ist übersät mit Volksweisheiten, die sich auf das Wetter beziehen, da in diesem Monat die Jahreszeiten wechseln. Hier ein paar der ältesten und bekanntesten:

- »Märzenschnee und Jungfernpracht dauern oft kaum über Nacht.«
- »Einem freundlichen März folgt ein freundlicher April.«
- »März nicht zu trocken und zu nass, füllt dem Bauern Scheune und Fass.«

Vogel des Monats

SPATZ

Der winzige Spatz ist ein kleiner Vogel mit einer großen Persönlichkeit. Normalerweise reist er in Schwärmen, denn er kennt die Macht des Zusammenhalts. Er ist ein freundlicher Geselle, zugleich mutig und clever. Die alten Ägypter glaubten, er begleite die Seelen der Toten ins nächste Leben, und für die Griechen stand er der Liebesgöttin Aphrodite nahe. In Europa galt es als schlechtes Omen, wenn ein Spatz in ein Haus geflogen kam. In Indonesien gilt genau das Gegenteil, dort sind die winzigen Vögel ein Zeichen für Glück.

Spatzenzauber für Glück

Spatzen zu füttern bringt Glück. Verteile etwas Wildvogelfutter in deinem Garten oder im nächstgelegenen Park und bitte die Spatzen darum, dich mit Glück zu segnen!

MÄRZ

TAROTKARTE DES MONATS
DER HERRSCHER

Die Vaterfigur des Tarot, der Herrscher, symbolisiert Macht und Autorität. Als Symbol der Stärke besitzt er einen inneren Antrieb, der ihn scheinbar Unmögliches erreichen lässt. Wer diese Karte zieht, wird aufgefordert, den eigenen inneren Herrscher zu finden, zu dem zu stehen, woran man glaubt, und auszudrücken, wie man sich wirklich fühlt. Der Herrscher beschützt, was ihm wichtig ist, und scheut sich nicht davor, immer noch ein Stück weiterzugehen, um sein Ziel zu erreichen.

MONDPHASEN

Der Mond durchläuft jeden Mondmonat mehrere Phasen, je nach seiner Position, während er die Erde umkreist, und je nach Position der Erde, während sie die Sonne umkreist. Jede Phase ist voller magischen Potenzials.

- Der Neumond ist die Zeit für einen Neuanfang.
- Bei zunehmendem Mond (wenn er größer wird) ist die richtige Zeit, Zauber für Wohlstand und Erfolg zu wirken.
- Der Vollmond ist am mächtigsten. Wünsche dir in dieser Nacht etwas und arbeite an deinen medialen Fähigkeiten.
- Der abnehmende Mond (wenn er kleiner wird) eignet sich gut dazu, die Vergangenheit hinter sich zu lassen und nach vorne zu schauen.
- Neumond, wenn er kaum noch zu erkennen ist, ist die beste Zeit, um sich zurückzuziehen, sich auszuruhen und über das Leben nachzudenken.
- Ein Blauer Mond erscheint etwa alle dreißig Monate und ist der zweite Vollmond innerhalb eines Kalendermonats.

DER HERRSCHER

APRIL

Als der April im farbenbunten Drang
Die Welt belebt mit frischem Jugendhauch,

William Shakespeare
»Sonnett 98«
Übersetzt von Friedrich Bodenstedt

APRIL

Name des Vollmondes
Rosa Mond

Im April wird die Landschaft von Farbe durchdrungen. Ein Hauch von Kirschblüten kommt an den helleren Tagen zum Vorschein und mit ihm auch der Rosa Mond, der nach den Flammenblumen benannt wurde, die sich im Norden Amerikas wie ein Mantel über grüne Wiesen legen. Dieser Mond hat vielleicht keinen rosa Farbton, doch er verkündet die farbenfrohe Rückkehr der Frühlingsblumen. Die Native Americans nannten ihn auch den Grasmond, Eimond oder Fischmond.

Bei diesem Mond dreht sich alles um Erneuerung und das Erkennen von Schönheit in der Umgebung. Die Blumen verschwinden zwar im Laufe des Winters, doch sie kehren immer wieder zurück. Erkenne die kleinen Dinge, die Licht und Freude in die Welt bringen. Magie ist überall, wenn du nur die Augen öffnest!

Rosa-Mond-Zauber für die Wunder der Natur

Kaufe einen rosa Strauß deiner Lieblingsblumen und stelle sie in einer Vase auf deine Fensterbank. Setze dich in der Nacht des Rosa Mondes in ihre Nähe und meditiere mit ihnen. Lass deine Augen schwer werden, während du die zarten Blütenblätter bestaunst. Stelle dir vor, du sitzt in einem Feld aus Wildblumen. Du kannst den süßen Duft riechen und du fühlst dich absolut im Einklang mit dir selbst. Atme, entspanne dich und erkenne die Wunder um dich herum.

GOTTHEIT DES MONATS
APHRODITE

Die hinreißende griechische Göttin, das Gegenstück zur römischen Venus, ist bekannt für ihre Schönheit. Mit ihr verbindet man Liebe, Romantik und das Streben nach Vergnügen. Legenden besagen, sie sei im Meeresschaum geboren worden. Aphrodite ist die Hüterin des goldenen Apfels, eines Schatzes, den ihr der sterbliche Prinz Paris gemeinsam mit dem Titel »Für die Schönste« überreicht hat, dem sie im Gegenzug die Hand der Helena von Troja versprach. Die Taube, ein Handspiegel und der Apfel sind Attribute der Aphrodite.

APHRODITEZAUBER FÜR LIEBE

Schaffe deinen eigenen Liebes-Talisman mit diesem witzigen, von Aphrodite inspirierten Zauber!

- Nimm einen roten Apfel, da diese Farbe am meisten mit Romantik und Leidenschaft verbunden wird. Ritze mit einem Messer deine Initialen hinein.
- Wenn du bereits deine bessere Hälfte gefunden hast, ritze deren Initialen daneben. Wenn nicht, ritze eine Herzform um deine Buchstaben und sage: »Aphrodite, erhöre meine Bitte, bring mir meine wahre Liebe. Lass mein Begehren sich entfalten, bis ich erhalte, wonach mein Herz sich sehnt.«
- Iss den Apfel und stelle dir dich selbst glücklich und verliebt in der Zukunft vor!

APRIL

Kristall des Monats
BLUTJASPIS

Der Blutjaspis, auch bekannt als Sonnenstein, wurde von den alten Römern und Griechen verehrt. Sie glaubten, dass er die Essenz der Sonne in sich trägt, und assoziierten ihn mit einem langen Leben, Vitalität und Glück. In Verbindung mit dem Monat April und dem Sternzeichen Widder, glaubte man, dass der Stein jede Wunde heilen und Krankheiten vorbeugen kann und seinen Träger beschützt. In Mesopotamien wurde der Stein genutzt, um die Durchblutung zu verbessern, er wurde oft gemahlen und vermischt mit Honig eingenommen, um Gifte zu entziehen.

Blutjaspiszauber für Lebenskraft

Lege dich hin und platziere einen Blutjaspis auf deinem Bauchnabel. Lege beide Hände darüber und fühle, wie die warme Energie des Steins deinen Bauch durchdringt. Atme tief ein und aus und lass die angenehme Wärme deinen ganzen Körper mit Lebenskraft durchfluten!

Pflanze des Monats
MINZE

Laut Volksglauben war die griechische Göttin Persephone so in Rage, als sie herausfand, dass ihr Ehemann Hades sich in die Nymphe Minthe verliebt hatte, dass sie die Schöne in einen Strauch verwandelte. Der erschütterte Hades konnte dies nicht rückgängig machen, er sorgte jedoch dafür, dass der Strauch jedes Mal, wenn jemand auf ihn trat, einen süßen Duft von Menthol versprühte. Minze wird häufig mit Liebe und Geldzauber assoziiert und soll auch der Reinigung dienen. Oft wird sie zur Vertreibung negativer Energie verbrannt.

Minzzauber für eine positive Atmosphäre

Wenn du Gäste zu dir eingeladen hast und für eine positive Atmosphäre sorgen willst, probiere das hier einmal aus!

- Nimm eine Eiswürfelform und ein paar frische Minzblätter und lege je eins in jede Würfelform.
- Befülle sie mit Wasser und stelle sie ins Gefrierfach.
- Serviere Getränke mit den Eiswürfeln für einen Frischeschub und eine positive Stimmung!

Minzzauber für Anmut

Mit frischer Minze kann man hervorragend süßen. Sie ist eine wundervolle Zutat zum Kochen und das perfekte Gewürz, wenn du deinen Charme voll zur Geltung bringen willst.

Nimm vor einem wichtigen Treffen oder Event ein Blatt Minze und kaue es mindestens eine Minute lang. Während du das tust, stelle dir vor, wie du bei der Veranstaltung oder als Gastgeber*in alle mit deinen netten Worten zum Lächeln bringst. Du kannst auch ein paar Blätter in deiner Tasche bei dir tragen, um deine Erfolgschancen zu steigern.

APRIL

Tier des Monats

HASE

Hasen verbindet man mit Frühling und Fruchtbarkeit. Sie sind kraftvolle Totemtiere und können uns viel beibringen. Vor allem in der asiatischen Kultur gelten sie als Symbol für Wohlstand und Langlebigkeit. Hasen sind voller Energie und geben auf ihre Familie acht. Von ihrer raschen Fortpflanzungsrate bis zu ihrem labyrinthartigen Bau tief in der Erde: Der Schutz der Familie und der Erhalt der Ahnenreihe stehen stets an oberster Stelle. Sie stehen dem Element Erde nahe, sind nachtaktiv und besitzen eine hohe Affinität zum Mond.

Hasenzauber für die Familie

Ein Hase scheut keine Mühen, um seine Familie zu versorgen. Überlege dir etwas ganz Besonderes für deine Lieben. Verbringe bei einem gemütlichen Gläschen Zeit mit ihnen, geht spazieren oder kocht gemeinsam euer Lieblingsgericht. Kleine Nettigkeiten zeigen ihnen, wie viel sie dir bedeuten!

BRÄUCHE UND TRADITIONEN

In England steht der April synonym für die Ankunft des Kuckucks. Man sagt, der Vogel singe vom 14. des Monats – auch bekannt als Tiburtiustag – bis zum 24. Juni, dem Johannistag. Wenn man den Kuckuck am 14. singen hört, muss man traditionsgemäß das Kleingeld in seiner Tasche einmal umdrehen, ausspucken und nicht zu Boden schauen. Es bringt Glück, wenn man dabei auf weichem Boden steht, und Unglück, wenn man dabei auf hartem Boden steht.

DIE WICCA-WEISUNG

Die Wicca-Weisung ist ein Grundsatz, der als Ethikrichtlinie für Hexen gilt. Auch wenn diese nicht in Stein gemeißelt ist, wird sie doch von allen berücksichtigt, die in die mystischen Künste eingewiesen wurden, wenn sie Magie praktizieren. Die Kernaussage lautet: »Solange es niemandem schadet, tue was du willst.«

Das heißt, dass man anderen keinen Schaden zufügen soll, auch nicht sich selbst. Mit anderen Worten: Denke, bevor du handelst, und überlege, ob deine Absichten wirklich von Herzen kommen. Wenn du von dem Guten geleitet wirst, wirst du selbst ein Mehrfaches von dem zurückerhalten, was du bewirkst, und wenn du von bösen Gedanken geleitet wirst, wirst du auch diese Energie auf dich selbst lenken.

Um der Weisung ihren Respekt zu zollen, beenden viele Hexen ihre Zauber mit etwa folgenden Worten: »Ich spreche diesen Zauber, ohne jemandem Schaden zuzufügen, und wenn dies doch der Fall ist, sei der Zauber ungeschehen.«

APRIL

Tarotkarte des Monats
DER HIEROPHANT

Diese Karte symbolisiert spirituelle Überzeugungen und Traditionen und bezieht sich oft auf eine Person, die die Rolle eines Gurus oder Lehrers eingenommen hat. Alte Weisheit ist das Thema dieser Karte und sie ist ein Zeichen dafür, dass du oder die Person, für die du die Karte gelegt hast, bald in die spirituelle Sphäre des Lebens eintauchen wird. Das kann so etwas Einfaches sein wie zu meditieren oder ein Seminar über ganzheitliche Heilung zu besuchen, doch so oder so findet man Erfüllung durch stille Einkehr.

DER HIEROPHANT

MAI

Wie herrlich leuchtet
Mir die Natur!
Wie glänzt die Sonne!
Wie lacht die Flur!

Es dringen Blüten
Aus jedem Zweig
Und tausend Stimmen
Aus dem Gesträuch,

Und Freud und Wonne
Aus jeder Brust.
O Erd, o Sonne!
O Glück, o Lust!

Johann Wolfgang von Goethe
»Mailied« (Auszug)

MAI

Name des Vollmondes
BLUMENMOND

Der Blumenmond hat seinen Namen von den wunderschönen Frühlingsblumen, die in diesem Monat erblühen. Er ist auch bekannt als Pflanzmond, da in diesem Monat traditionellerweise der Mais ausgesät wurde, oder als Milchmond, was eine angelsächsische Bezeichnung ist. Sinnbildlich steht der Blumenmond für eine Zeit des Neubeginns, in der wir heilen, die Sonnenstrahlen in uns aufnehmen können und genau wie die Blumen auf dem Feld erblühen können.

Sein Zuhause mit frischen Blumen zu schmücken ist eine einfache Möglichkeit, sich mit dieser mystischen Energie zu verbinden. Nach altem Volksglauben bringen gelbe Blumen Harmonie ins Haus. Stelle eine Vase an ein Fenster, von dem aus du den Blumenmond gut sehen kannst, und wünsche dir Glückseligkeit.

Blumenmondzauber für Licht

Entzünde eine weiße Kerze und streue gelbe Blütenblätter in einem Kreis darum aus, dann ritze mit einer Nadel eine Mondform ins Wachs. Bitte den Blumenmond darum, dich in diesem Monat mit Licht und Liebe zu segnen.

Gottheit des Monats
FLORA

Flora ist die römische Göttin der Blumen, der Fruchtbarkeit und des Frühlings. Sie wird am häufigsten dem Monat Mai und den Maifeiertagen zugeordnet. Die schöne junge Göttin bringt Licht auf die Erde und neue Knospen zum Erblühen.

MAI

Legenden zufolge reichte sie Juno – der Göttin der Wärme und Fürsorge – eine magische Blume, damit diese ohne die Hilfe eines Mannes schwanger werden konnte. Flora trägt stets eine bunte Blumenkette im Haar und sorgt auf ihrer Reise durch diesen Monat für Hoffnung und neues Leben.

BLUMENZAUBER ZUR BEGRÜSSUNG VON MUTTER ERDE

Sei ein Blumenmädchen und entwirf eine schöne Blumengirlande, mit der du dein Zuhause dekorieren kannst.

Du benötigst hierzu eine Auswahl an bunten saisonalen Blumen und ein paar grüne Zweige und Laub (Rittersporn, Pfingstrosen, Flieder und Rosen eignen sich besonders und Farne sind gut zum Füllen der Lücken), zudem eine Schere, Bindedraht und Klebeband.

- Nimm die Zweige und lege mehrere von etwa gleicher Länge zusammen. Bündle das Laub und binde es mit Draht zusammen.
- Lege die Bündel aufeinander, sodass die Stängel übereinander liegen, und binde auch dies mit Draht zusammen, bis sie die von dir gewünschte Länge erreicht haben.
- Mache kleinere Bündel aus den Blumen, binde diese ebenfalls mit Draht zusammen. Lass ein paar übrig, die du am Grünzeug befestigen kannst.
- Bringe ein Blumenbündel an jedem Zweig- und Laubstück an, indem du den Draht an den Stängeln um das Laub bindest.
- Fülle jede Lücke mit Blumenbündeln, bis du mit dem Aussehen deiner Girlande zufrieden bist.

Nutze sie als Tischdekoration oder Tafelaufsatz und lade Freunde und Familie zu einem Maifeiertagsessen ein.

MAI

Baum des Monats
WEISSDORN

Der Weißdorn, auch bekannt als Maibaum, ist tief im Volksglauben verwurzelt. Als fester Bestandteil des Maifeiertags werden zu diesem Anlass seine Zweige vor den Häusern platziert und mit Blumen und Girlanden geschmückt. Die Kelten verehrten den Weißdorn und glaubten, er sei von Feen verzaubert und ein Tor in die Feenwelt. Laut dem schottischen Mystiker und Dichter Thomas dem Reimer war es ein Weißdorn, an dem er erstmals auf die Feenkönigin traf, die ihn zu einem fröhlichen Tanz in die Anderswelt der Feen mitnahm. Diese mystische Tändelei kostete ihn jedoch einen hohen Preis, da er, nach wenigen Minuten zurückgekehrt, feststellen musste, dass in der realen Welt bereits viele Jahre vergangen waren. In Irland glaubte man, einen Weißdorn nicht beschneiden oder fällen zu können, ohne den Zorn des Feenvolks auf sich zu ziehen.

Weissdornzauber für einen Feensegen

Finde einen Weißdorn und stelle dich neben seine Zweige. Lege deine Hand auf seine Rinde und bitte die Feen, dich mit ihrem magischen Segen zu überschütten. Zeig deinen Dank, indem du einen Talisman zurücklässt, vielleicht eine Blume oder einen schönen Stein. Darüber freuen sich die Feen ganz besonders.

Kristall des Monats

Jade

Auf der ganzen Welt hochbegehrt, kann man den mystischen Jadestein für viele Zwecke einsetzen. In China wird er für seine Schutzkraft verehrt, während er in Mexiko, Zentral- und Südamerika in traditionelle Göttermasken eingearbeitet, bei Zaubersprüchen verwendet oder dem Wassergott als Opfergabe dargeboten wurde, wenn man diesen um ausreichend sauberes Wasser ersuchte. Urvölker nutzten ihn in Werkzeugen und Waffen, da sich der Stein leicht polieren und schärfen lässt. Der auch als Traumstein bekannte Jadestein kann dir dabei helfen, dir spirituelle Weisheit zunutze zu machen. Er wird auch sehr gern als Talisman verwendet, da er für Glück, Freundschaft und Erfolg sorgt.

Jadezauber für Glück

Wenn du Glück gerade sehr gut gebrauchen kannst, reibe deine rechte Handfläche mit dem Stein und wünsche es dir.

MAI

Hauptfest
BELTANE: AM 1.

Das ursprüngliche Feuerfest erhielt seinen Namen vom keltischen Sonnengott Bel, der auch als Lichtgott bekannt ist. Heilige Feuer wurden entzündet und spielten bei den Feierlichkeiten eine große Rolle. Den Flammen sprach man reinigende Kräfte zu und junge Liebende sprangen Hand in Hand über sie hinweg, um ihre Vereinigung zu besiegeln. Rinder und andere Tiere wurden mithilfe des Rauchs gereinigt, was sie auch vor Krankheiten bewahrte. Die nächtliche Feier, die man auch als Walpurgisnacht kennt, zelebriert die Ankunft des Sommers und den lebensspendenden Schein der Sonne. Die Erde ist fruchtbar, wie die Vielzahl an Blumen zeigt, und das Licht ist zurückgekehrt.

MUTTER NATUR

Mutter Natur ist die fürsorgliche Seite der Natur, personifiziert in Form einer Frau, die die Landschaft am Leben hält und beschützt. Sie ist die kreative Kraft hinter jedem Lebewesen, die göttlich feminine Energie, die den Planeten erschaffen hat. Man glaubt, dass diese Vorstellung ursprünglich von den alten Griechen stammt. Diese nannten ihre erste Göttin Gaia, eine Erdgöttin, der die Erschaffung allen Lebens zugeschrieben wird und die das Universum geboren hat. Irgendwann wurde aus ihr Mutter Natur, ein Abbild des lebensspendenden Ökosystems der Erde.

VOGEL DES MONATS

NACHTIGALL

Die bescheidene Nachtigall, Symbol für Liebe und Romantik, mag keine auffällige Erscheinung haben, doch ihr Gesang ist betörend. Die Muse aller Dichter singt meist bei Tagesanbruch. Die besondere Heilkraft ihrer Lieder bringt uns dazu, hinter die Kulissen zu blicken und die Schönheit im Inneren zu erkennen. Jedes Wesen ist einzigartig. Jeder hat sein Lied.

NACHTIGALLZAUBER FÜR EINEN ENERGIESCHUB

Was ist deine Titelmelodie? Wenn du ein Lied wählen könntest, das dich beschwingter durchs Leben gehen und auf dem Gipfel des Glücks fühlen lässt, welches wäre es? Spiele es, singe es, tanze dazu. Erinnere dich stets daran, wenn du einen Energieschub brauchst.

MAI

Tarotkarte des Monats
DIE LIEBENDEN

Diese Karte zelebriert die verschiedenen Arten von Liebe, die zwei Menschen zusammenbringen. Von Freunden und Familie bis hin zu Seelenverwandten. Es dreht sich alles um Verbindung und Kommunikation, die göttliche Vereinigung, wenn zwei Menschen sich gegenseitig Vertrauen schenken und sich einander öffnen. Auf einer tieferen Ebene ist es eine Karte der Entscheidungen und sie wird oft gezogen, wenn eine Person an einem Scheideweg steht. Wenn wir absolut ehrlich mit uns selbst und anderen sind, kann das Gleichgewicht wiederhergestellt und die richtige Entscheidung getroffen werden. Sei tapfer und lass dich in allen Dingen von deinem Herzen leiten.

DIE LIEBENDEN

SOMMER

Die Sonne taucht die Erde in ihr herrliches Licht, der Hochsommer ist da. Die Landschaft erstrahlt in sämtlichen Farben. Wärme und Schönheit erwarten dich an jeder Ecke und Mutter Erde strahlt vor Stolz. Es ist an der Zeit, ihre Geschenke zu genießen, sich an ihren Wundern zu ergötzen und den Augenblick im Rampenlicht zu genießen. Versprühe positive Energie und aktiviere in dieser Jahreszeit deine persönlichen Kräfte.

Hier ein paar Höhepunkte des Sommers.

JUNI

MOND – Erdbeermond

Zauber zum Erreichen von Zielen, für Wohlstand, mediale Entwicklung und Balance

GOTTHEIT – Juno

BLUME – Lavendel

BRAUCHTUM – Sommersonnenwende

TIER – Hirsch

KRISTALL – Achat

TAROT – Der Wagen

JULI

MOND – Bockmond

Zauber zur Rückbesinnung auf die Natur, Selbstermächtigung, Heilung, Selbstvertrauen und zum Erfüllen von Wünschen

GOTTHEIT – Sunna

BLUME – Rittersporn

KRISTALL – Karneol

VOGEL – Adler

TAROT – Die Sonne

AUGUST

MOND – Störmond

Zauber für Wohlstand, Gelegenheiten, Problemlösungen, zum Heben der Stimmung und für positive Energie

BRAUCHTUM – Lammas

PFLANZE – Koriander

KRISTALL – Peridot

TIER – Pferd

TAROT – Die Kraft

JUNI

Juni streift mit warmer Hand
letzte Blüten von den Bäumen.
Wie enttaucht verwelkten Träumen,
schaut aus dunkler Blätterwand
junge Frucht in lichtes Land.

Fridolin Hofer
»Juni«

JUNI

Name des Vollmondes
ERDBEERMOND

Seinen Namen hat er natürlich von den süßen und saftigen Früchten, die in diesem Monat reif werden. Der Erdbeermond steckt voller Chancen. Für Native Americans, die ihm seinen Namen verliehen haben, war er eine Art Weckruf, da die Frucht nur kurze Zeit geerntet werden kann. Dieser Vollmond wirft Licht auf unsere Welt und die vielen Herausforderungen, denen wir uns stellen müssen. Doch statt diese als Hindernisse zu betrachten, fordert der Erdbeermond uns dazu auf, die positiven, süßen Seiten an ihnen zu erkennen. Was kann man von der Situation lernen, in der man sich gerade befindet, und wie können wir den Lohn daraus für uns beanspruchen?

Erdbeermondzauber zum Erreichen von Zielen

Probier diesen Zauber einmal aus, wenn du vor dem Beginn eines neuen Projekts stehst.

- Stelle dich im Freien ins Licht des Erdbeermondes. Visualisiere den strahlenden Himmelskörper als dein Ziel, als das, was du gerade am meisten willst.
- Um es zu erreichen, musst du dich mehr als je zuvor anstrengen und strecken, doch wie jedes andere Ziel liegt auch dieses in greifbarer Nähe. Stelle dir vor, wie ein Faden sich deinen Rücken empor windet und dich nach oben zieht. Strecke langsam deinen Arm so weit wie möglich aus und stelle dich auf deine Zehenspitzen.
- Stelle dir vor, wie du den Mond in Händen hältst, jetzt kannst du alles erreichen. Nun sage (mit Überzeugung): »Ich greife nach dem Mond, ich fange einen Stern. Ich erreiche mein Ziel, denn es ist nicht fern!«

Gottheit des Monats
JUNO

Juno war eine mächtige und beim römischen Volk derart beliebte Göttin, dass sie sogar einem Monat ihren Namen verliehen. Als Königin der Göttinnen steht sie für Heirat, Fruchtbarkeit und Geburt. (Kann es an ihr liegen, dass so viele Menschen im Juni heiraten?) Ihr Segen für sämtliche Vereinigungen war von besonderer Wichtigkeit. Verheiratet mit Jupiter, der auch ihr Bruder war, regierte sie über Heim und Herd. Oft wird sie angerufen, wenn sie eheliche Streitigkeiten schlichten oder einer Geburt beistehen soll. Juno symbolisiert das Familienleben, jene Kernbeziehungen, die unser Leben und die häusliche Harmonie bestimmen.

Junozauber für finanziellen Wohlstand

Als Schutzgöttin der königlichen Münzprägeanstalt von England, der Royal Mint, kann Juno dich auch dabei unterstützen, deine Finanzen zu verbessern, und eine Fülle an Segen über dein Zuhause sprechen.

Du benötigst hierzu eine weiße Kerze, ein Glas und eine Handvoll Münzen.

- Entzünde die Kerze und stelle sie auf eine Fensterbank.
- Stelle ein Glas neben die Kerze und befülle es mit den Münzen.
- Lege jeden Tag neue Münzen in das Glas und vergiss dabei nicht, Juno deinen Dank auszusprechen.
- Wenn das Glas voll ist, nimm das Geld, um dir oder deiner Familie etwas Gutes zu tun, und beginne von vorne!

JUNI

BLUME DES MONATS

LAVENDEL

Nach dem lateinischen Wort *lavare* für baden benannt, verwundert es nicht, dass Bündel der duftenden Blüten als antikes Äquivalent zur heutigen Badebombe verwendet wurden! Lavendelduft diente auch zur Steigerung der Anziehungskraft und manch Gelehrter glaubt, dies war Cleopatras liebstes Parfüm. Lavendel steht für Liebe und Heilung, weshalb die Tudor-Mädchen Lavendeltee kochten, um Visionen ihres zukünftigen Gatten zu beschwören, und in den Alpen legten Frauen Lavendelzweige unter ihre Kissen, um Leidenschaft zu entfachen. Aus der Wunderpflanze werden noch heute Mittel gegen Stress hergestellt.

LAVENDELZAUBER FÜR MEDIALES POTENZIAL

Mit diesem Zauber zur Freisetzung deines medialen Potenzials gehst du mit der Lavendelmystik aufs Ganze.

- Verbrenne drei oder vier Tropfen ätherischen Lavendelöls in einer Duftlampe oder tropfe das Öl in heißes Wasser und entspanne dich mithilfe des angenehmen Duftes.
- Schließe deine Augen und massiere für ein paar Minuten einige Tropfen ätherischen Lavendelöls in deine Schläfen.
- Als Nächstes massiere in kreisenden Bewegungen ein paar Tropfen in deine Handgelenke ein.
- Atme tief ein und aus und stelle dir vor, wie du vor einer großen Kinoleinwand sitzt.
- Lass Bilder, Formen, Schemen oder Worte Gestalt annehmen. Versuche nicht zu kontrollieren, was vor dir abläuft, entspanne dich und lass dich treiben.
- Wenn du bereit bist, öffne deine Augen und notiere alles, woran du dich erinnern kannst. Deine Notizen ergeben vielleicht zunächst keinen Sinn, doch sie könnten mediale Hinweise und Einsichten enthalten, die dir zukünftig helfen.

HAUPTFEST

SOMMERSONNWENDE: ETWA 21.

Die Sommersonnenwende markiert den längsten Tag und die kürzeste Nacht des Jahres. Der Sommer ist in vollem Gange und die Sonne auf der Höhe ihrer Kraft. Mittsommer hat das Gefühl von Vollkommenheit und Freude mitgebracht. Während das Licht seinen höchsten Punkt erreicht, verweist die Sonnenwende auch auf die kommende Dunkelheit.
Das mystische Jahresrad dreht sich weiter, die Jahreszeiten nehmen ihren Lauf. Nutze die Fülle des Sommers und bereite dich auf Verschiebungen der Energien im nächsten Zyklus vor.

JUNI

TIER DES MONATS

HIRSCH

Der anmutige Hirsch wurde von vielen Urvölkern verehrt. Für die Kelten stand er für Liebe und Schönheit und war Angehöriger des Feenreichs. Die Native Americans sahen ihn als spirituelles Wesen, das die besten Heilkräuter aufspüren kann. Er ist intuitiv und grazil und ihm wohnt eine sanfte Medizin inne. Er verlässt sich stets auf seinen Verstand und sein sechster Sinn kommt zum Einsatz, sobald sich ein Raubtier nähert. Das macht ihn zum idealen Totemtier, wenn man seine medialen Fähigkeiten verfeinern möchte.

JUNI

HIRSCHZAUBER FÜR MEDIALE FÄHIGKEITEN

Diese Visualisierungstechnik ist perfekt für jeden mit einer medialen Begabung.

- Stelle dir vor, du hättest ein Geweih, das aus deiner Stirn ragt und dich mithilfe eines Netzwerks aus Fäden mit dem Universum und dem Rest der Welt verbindet.
- Wenn du einatmest, fühle, wie das Licht durch dein Geweih pulsiert und wie es sich weiter ausdehnt und mediale Botschaften empfängt, wenn du ausatmest.

KRISTALL DES MONATS

ACHAT

Dieser stabilisierende Stein stärkt die Emotionen und bringt sie ins Gleichgewicht. Seit babylonischen Zeiten wird er als Schutzamulett genutzt. Von den Griechen und Römern wurde er aufgrund seiner heilenden Kräfte verehrt. Mit seinen übereinander gelagerten Farbschichten und Augen wirkt der Achat vielleicht zunächst eher zerbrechlich, doch tatsächlich ist er unglaublich widerstandsfähig und wurde daher in der Antike häufig für Steinmetzarbeiten eingesetzt. Einen Achat bei sich zu tragen beflügelt das Selbstvertrauen und das Sicherheitsgefühl und soll auch für Glück in der Partnerschaft sorgen.

ACHATZAUBER FÜR GANZHEIT UND BALANCE

Da dieser Stein einen langsameren Energiefluss aufweist als andere Kristalle, eignet er sich gut als Meditationsbegleiter. Schließe deine Augen und halte ihn in deinen hohlen Händen. Atme tief ein und aus und lass die Wärme des Kristalls deinen Geist beruhigen. Wiederhole das Mantra: »Ich bin in Balance, ich bin ganz, ich bin eins.«

JUNI

Tarotkarte des Monats
DER WAGEN

Wird der Wagen bei einer Tarotsitzung gezogen, ist es Zeit, aktiv zu werden. Als Medium der Bewegung geht es beim Wagen vor allem um das Erreichen von Zielen. So wie sein Lenker aufrecht stehen und fokussiert bleiben muss, so muss auch die Person, für die die Karte gezogen wurde, standhaft bleiben. Es ist die Karte der Stärke und Entschlossenheit und sie ist ein Zeichen dafür, dass man erfolgreich sein kann, wenn man bereit ist, dafür zu arbeiten. Sinnbildlich steht sie für die Reise und kann auf fremde Gefilde und Abenteuer verweisen. Was auch geschieht, du bist auf dem richtigen Weg. Bleib beständig, deine Träume sind zum Greifen nah!

HEILPFLANZEN UND BLUMEN

Heilkräuter und Blumen werden seit Hunderten von Jahren als Zutaten für Zauber und Rituale benutzt. Dabei sprach man ihnen verschiedene Kräfte und Eigenschaften zu. Sie können beim Kochen und bei der Herstellung von Aufgüssen, Tinkturen und Tränken zum Einsatz kommen. Man befüllt auch Amulettbeutel und Talismane mit ihnen und sie finden ebenfalls bei Zauberbädern Verwendung. Kräuterhexen ziehen sie in der Regel selbst, da die Pflanzen dann eine stärkere Wirkung haben, doch getrocknete Zutaten aus dem Vorratsschrank können ähnlich effektiv sein.

Blumen, die häufig bestimmten Planeten oder Monaten zugeordnet werden, wurden bereits im viktorianischen England genutzt, wo eine Art Blumensprache entwickelt wurde, um sich heimlich Liebesbotschaften zu senden.

DER WAGEN

JULI

Wie weich sich Form und Farbe binden
in Sommermittags glühem Hauch: –
Das Dorf im Schatten alter Linden,
ein rötlich Dach, ein Wölkchen Rauch;

der Bergbach, dessen heitre Eile
sich glitzernd durch die Wiese webt;
der Straße laubverhüllte Zeile,
die ahndevoll zur Ferne strebt;

und all dies gütig eingeschlossen
von hoher Felder Gold und Duft;
und alles flimmernd überflossen
von lerchenlauter Juliluft ...

Christian Morgenstern
»Friede«

JULI

Name des Vollmondes
BOCKMOND

So wie die Sonne nun ihr volles Potenzial erreicht, tun es auch die jungen Böcke. Ihre neuen Geweihe recken sich in den Himmel, um das Licht des Tages zu begrüßen, und sind ein mächtiges Symbol ihrer Stärke. Und von dieser rührt auch der Name dieses Vollmondes her. Er ist auch bekannt als Donnermond, da in diesem Monat oft Gewitterstürme aufziehen. Der Bockmond ist ein mystisches Kraftpaket und eine Zeit, um sich auf die Natur zurückzubesinnen. Sei wie der jugendliche Bock eins mit der Erde und den wechselnden Jahreszeiten. Verbringe Zeit im Freien und entdecke die Wunder in deiner Umgebung neu.

Bockmondzauber zur Rückbesinnung auf die Natur

Mache am Tag des Bockmondes einen Spaziergang, vielleicht auf dem Land oder im Park oder durch die Straßen deiner Heimatstadt. Aktiviere beim Schlendern all deine Sinne. Achte darauf, was du siehst, hörst, riechst, schmeckst und fühlst. Wenn etwas wie eine schöne Blume oder ein Vogel deine Aufmerksamkeit erregt, bleibe stehen und nimm den Moment in dir auf. Sei nicht in Eile. Genieße jede Sekunde dieser Erfahrung und verbinde dich mit der Kraft der Natur.

Gottheit des Monats

SUNNA

Die nordische Sonnengöttin, manchmal auch Sol genannt, ist bekannt für ihre goldene Haarpracht, die ihr Gesicht wie Sonnenstrahlen einrahmt. Wunderschön in Herz und Seele, fährt Sunna in ihrem Wagen durch den Himmel, der von ihren Pferden Alsvidr und Arvakr gezogen wird. Der grimmige Wolf Skalli ist ihr stets auf den Fersen und an manchen Tagen kurz davor, sie einzuholen, auch wenn Sunna mit Lichtgeschwindigkeit fliegt. Man glaubt, dass Skalli in den letzten Stunden der Ragnarök, wenn die Welt untergeht, die Sonne einholen und verschlingen wird. In der Zwischenzeit setzt Sunna ihre Reise durch den Himmel fort. Verehrt für ihre heilenden Kräfte, wird die lebhafte Göttin in den Sommermonaten gefeiert.

Sunnazauber zur Selbstermächtigung

Ein Gruß an die Morgensonne ist eine einfache Möglichkeit, Sunnas Kräfte in den eigenen Alltag einzuladen.

- Ziehe deine Vorhänge auf und strecke deine Arme nach oben, als wolltest du die Sonne umarmen!
- Recke dein Kinn in die Höhe, strecke deinen Rücken durch und atme tief ein.
- Selbst, wenn an diesem Tag keine Sonne scheint, stelle dir vor, wie sie dich von Kopf bis Fuß in ihre Strahlen hüllt. Sage: »Sunna, ich begrüße deine Kraft und Stärke, scheine hell an diesem Tag.«
- Wiederhole diesen magischen Sprechgesang jederzeit, um deine Laune zu heben.

JULI

BLUME DES MONATS

RITTERSPORN

Als Blume der Feierlichkeiten steht der auch als Delphinium bekannte Rittersporn für den Sommeranfang und die herrlichen Blumenwiesen, die an diesen warmen Tagen zum Vorschein kommen. Sein Name kommt von den spornartigen Blütenblättern, die von seinem Stiel abgehen. Er ist ein Schutzsymbol und wurde oft in der Hosentasche getragen, um böse Geister fernzuhalten. Die Native Americans betrachteten ihn als lebensfrohe Blume, da er in so vielen Farben vorkommt, und sie nutzten ihn, um Kleidung und andere Dinge einzufärben. Diese Blume steht für Liebe und Freundschaft und steckt voller positiver Energie.

Ritterspornzauber für Heilung und Unterstützung

Die tiefblauen Blüten dieser Blume sind ganz besonders potent. Sie stehen für das Band der Freundschaft und besitzen auch heilende Kräfte. Denke in diesem Monat an jemanden, der deine Unterstützung braucht, und bringe ihm einen Strauß blauen Rittersporn. Wann immer du an diese Person denkst, stelle sie dir in tiefblauem Licht gebadet vor, um ihre Heilung zu beschleunigen.

Kristall des Monats

Karneol

Bei den alten Ägyptern bekannt als die untergehende Sonne, strotzt dieser Stein nur so vor positiver Energie. Er steht für Führungskraft und Erfolg und wurde oft von Kriegern um den Hals getragen, damit der Stein ihnen Mut zuspricht. Sein Name kommt vom lateinischen Wort für Fleisch und Karneole können Menschen, die sich angreifbar fühlen, zu einem dickeren Fell verhelfen. Seine glühende Farbe ist eine Hommage an die Sonne und soll die Kraft haben, die Kreativität in einem zu wecken, aber auch dabei helfen, die eigenen Herzenswünsche zu erkennen. Wenn du Leidenschaft entfachen möchtest, schenke deinem geliebten Menschen einen Karneol!

Karneolzauber für Selbstvertrauen

Steht ein schwieriges Gespräch bevor oder musst du eine klare Ansage machen, trage einen Karneol in deiner Tasche. Drücke ihn mit deiner rechten Hand und spüre, wie die glühende Energie des Steins dich mit Selbstvertrauen erfüllt.

BRÄUCHE UND TRADITIONEN

Im frühen römischen Kalender stand der Juli an fünfter Stelle im Jahr und wurde Quintilius genannt, was fünf bedeutet. Er wurde zu Ehren Julius Cäsars in Juli umbenannt, der in diesem Monat Geburtstag hatte. Die Angelsachsen nannten ihn den Heumonat oder Mead Monath als Verweis auf die Heuernte und die wundervollen Heublumen, die zu Beginn des Sommers blühen.

Vogel des Monats

ADLER

Dieser majestätische Vogel steht für das höhere Selbst und kann einem dabei helfen, sich mit dem eigenen Unterbewusstsein zu verbinden. Der Adler fliegt höher als jeder andere Vogel, und seine Fähigkeit, durch die Lüfte zu gleiten, ist aufschlussreich für uns, wenn es um Sichtweisen und das Erreichen neuer Höhen geht. Als Totemtier lehrt er uns, Abstand zu nehmen, unserer Intuition zu vertrauen und die Welt aus einer neuen Perspektive zu betrachten. Adler symbolisieren Kraft, und ihre Jagdfähigkeit macht sie zu effektiven Ernährern. Sie setzen ihre Stärken und Fähigkeiten weise ein, um sich um ihre Nächsten zu kümmern. In der Antike trug man, da man sich dessen bewusst war, häufig Adlerfedern, um sich die außerordentlichen Kräfte dieser Tiere zunutze zu machen.

ADLERZAUBER ZUM ERFÜLLEN VON WÜNSCHEN

Stärke dich mithilfe dieser simplen Visualisierung.

- Schließe deine Augen und stelle dir vor, du stehst am Rand einer Klippe. Dein Blick reicht weit in die Ferne und das Panorama ist atemberaubend.
- Du bemerkst, wie sich aus deinen Schulterblättern langsam Flügel entfalten. Die Flügel sind stark und mächtig.
- Innerhalb weniger Minuten erhebst du dich in die Lüfte und steigst wie ein Adler hoch in die Wolken. Genieße die Freiheit und mache dir bewusst, dass du alles erreichen kannst, was du dir vornimmst.

JULI

TAROTKARTE DES MONATS
DIE SONNE

Die Sonne strotzt vor Tatendrang und Lebenskraft und verkörpert den Gipfel des Erfolgs. Sie sorgt für eine Fülle an Glückseligkeit und ist ein Zeichen dafür, dass du deinen Moment des Ruhms erleben wirst. Wahre Freude kommt von den Dingen, die dein Herz zum Singen bringen, diesen Momenten der Verbindung mit der Welt um dich herum. Die Sonnenkarte ist das Symbol für Glückseligkeit in seiner reinsten Form. Sie ist ein universeller Archetyp, der für positive Energie steht. Genau wie die Sonne jeden Tag scheint, ist es jetzt auch für dich an der Zeit zu strahlen. Teile die Liebe, die du fühlst, und sei authentisch, nicht nur gegenüber deinen Nächsten und Liebsten, sondern auch gegenüber all jenen, die dir auf deiner Reise begegnen.

WELTWEITE GOTTHEITEN

Überall auf der Welt haben die Menschen Mythologien geschaffen, um die Welt zu verstehen. Diese Mythologien basieren auf Geschichten von Göttern und Göttinnen, die die Kraft besitzen, Dinge auf der Erde zu erschaffen und zu verändern. Man setzte sie in Zusammenhang mit natürlichen Phänomenen, Dingen wie den wechselnden Jahreszeiten, der Ernte, dem Verlauf der Sonne und anderen Himmelsvorkommnissen wie Donner und Blitz. Die Gottheiten um Hilfe oder ihren Segen zu bitten, war ein symbolischer Akt und sollte die überirdischen Mächte milde stimmen. Götter und Göttinnen wurden zu bestimmten Zeiten geehrt und erhielten ihre eigenen Festtage, um ihre Zuneigung zu gewinnen.

DIE SONNE

AUGUST

Die Tage gehn vorbei mit sanfter Lüfte Rauschen,
Wenn mit der Wolke sie der Felder Pracht vertauschen,
Des Tales Ende trifft der Berge Dämmerungen
Dort, wo des Stromes Wellen sich hinabgeschlungen.

Der Wälder Schatten sieht umhergebreitet,
Wo auch der Bach entfernt hinuntergleitet,
Und sichtbar ist der Ferne Bild in Stunden,
Wenn sich der Mensch zu diesem Sinn gefunden.

Friedrich Hölderlin
»Der Sommer«

AUGUST

NAME DES VOLLMONDES
STÖRMOND

Der achte Vollmond des Jahres wurde nach dem Stör benannt, der in den Großen Seen Nordamerikas vorkommt. Für die Native Americans, die vom Fischfang lebten, war jetzt die perfekte Zeit, diese zu fangen, da sie in dieser Zeit in großen Mengen vorkommen. Er ist auch bekannt als Grünmaismond, Getreidemond oder Roter Mond, nach dem roten Glühen des spätabendlichen Sommerdunstes. Dieser Mond steht für Wohlstand. Die vollen Flüsse und Seen bedeuten leicht verfügbare Nahrung und die Störe selbst sind ein Symbol für Langlebigkeit, denn diese Art existiert seit über 250 Millionen Jahren.

VOLLMONDZAUBER FÜR WOHLSTAND

Zeige dich dankbar für den Wohlstand in deinem Leben. Führe ein Notizbuch bei dir und schreibe an jedem Tag bis zum Störmond zehn Dinge auf, für die du dankbar bist – sei es der wunderschöne Sonnenaufgang oder der Kaffee am Morgen. Lies dir in der Nacht des Vollmondes deine Liste durch. Erkenne das Glück und den Segen. Durch den bewussten Vorgang des Dankbarseins entsteht eine positive Energie, die wiederum mehr Wohlstand in dein Leben bringen wird.

AUGUST

HAUPTFEST

LAMMAS: AM 1.

Der keltische Sonnengott Lugh steht für den Monat August. Ihm zu Ehren wurden große Feierlichkeiten abgehalten, unter anderem das heidnische Fest Lammas, dessen Name so viel bedeutet wie Brotlaib. Das Fest markierte die erste Ernte. Es war nun an der Zeit, für die Fülle an Getreide dankbar zu sein. Freudenfeuer wurden entzündet und Kreistänze als Anspielung auf den Verlauf der Sonne vollführt. Lugh wird, in seiner Gestalt als John Barleycorn, der Geist des Getreides, geopfert, wenn das Korn geschnitten wird, jedoch wiedergeboren im Saatkorn für die Ernte des kommenden Jahres.

LAMMASZAUBER FÜR NEUE GELEGENHEITEN

Brot ist zentraler Bestandteil des Lammas-Festes und eine wunderbare Möglichkeit, sich mit dem Reichtum der Erde zu verbinden und neue Gelegenheiten aufzutun.

- Nimm eine Scheibe Brot und zerkrümle sie. Stelle dir dabei vor, die Krumen seien Saatkörner – Ideen und neue Möglichkeiten, die du für die Zukunft gerne säen möchtest.
- Nimm die Krumen mit nach draußen und verstreue sie um dich herum in einem Kreis, der die Rolle der Sonne während der jährlichen Getreideernte darstellt.
- Drehe dich dabei im Kreis, bis keine Krumen mehr übrig sind, dann sage: »Ich säe, ich ernte, ich bringe die Ernte ein.«
- Wiederhole dieses Mantra im Laufe des Monats, damit es dich auf deinem Weg zum Erfolg unterstützt.

AUGUST

Pflanze des Monats

KORIANDER

Koriander steht für Frieden und Liebe, ist belebend und hat ein erfrischendes Aroma. Er soll heilende Energien ins Haus bringen, wenn man ihn im Garten anbaut. Laut chinesischem Volksglauben werden Babys, deren Mütter Koriander während der Schwangerschaft essen, zu Genies! Vom Planeten Mars beherrscht, besitzt die Pflanze motivierende Eigenschaften und kann zu spirituellem Erwachen verhelfen. Steht also eine große Veränderung in deinem Leben an, nimm Koriander in den Speiseplan auf.

Korianderzauber für Problemlösungen

Stehst du vor einem Problem? Löse es mithilfe von Koriander.

- Hacke einen Bund frischer Blätter, während du über dein Problem nachdenkst.
- Wenn du fertig bist, lass das Problem los.
- Streue das Kraut über einen Salat oder eine Suppe und genieße dein Essen. Konzentriere dich dabei auf jeden Bissen oder Löffel, darauf, wie es schmeckt und sich in deinem Mund anfühlt. Befreie deinen Geist von allen anderen Gedanken und lass die Magie des Korianders Klarheit in dein Leben bringen.

Kristall des Monats
PERIDOT

Der auch als Abendsmaragd bekannte grüne Stein beruhigt den Geist, verhilft zu erholsamem Schlaf und steht für Harmonie. Die alten Ägypter nannten ihn aufgrund seines Funkelns den Sonnenjuwel und die Urvölker Hawaiis hielten ihn für die vulkanischen Tränen der Göttin Pele, da sie ihn in vulkanischer Lava fanden. Er soll die Seele beleben, vor Albträumen schützen und sogar Depressionen vorbeugen.

Peridotzauber zum Heben der Stimmung

Hebe deine Laune, indem du dir eine riesige Kuppel aus grünem Stein vorstellst.

- Stelle dir vor, wie du mittig unter der Kuppel stehst und komplett in smaragdgrünes Licht getaucht wirst. Spüre, wie der Farbton mit jedem Atemzug mehr in deine Haut sickert.
- Lass die Farbe dich durchfluten und spüre, wie sie deinen Körper, deinen Geist und deine Seele reinigt.

AUGUST

BRÄUCHE UND TRADITIONEN

Auch wenn die Römer den Monat August nach ihrem Kaiser Augustus umbenannten, nannten ihn die Angelsachsen den Weod Monath, also Grasmonat, da sie erkannten, dass die Gräser im Hochsommer genauso gedeihen wie die kultivierten Pflanzen. Bei der Ernte im August ließen die Bauern das erste Körnerbrot trocken werden und verstreuten die Krumen in den Ecken ihrer Hütten, was ihnen Glück bringen sollte.

Eine bekannte Bauernregel lautet:

»Ist's in der ersten Augustwoche heiß, bleibt der Winter lange weiß.«

Tier des Monats

PFERD

Das anmutige und dynamische Pferd ist ein Symbol für Freiheit. Frei und große Distanzen überwindend, durchstreifen und erkunden Pferde das Land. Für die Kelten war das Pferd ein Glückssymbol und eines zu erblicken war das Zeichen für bevorstehendes Glück. Die keltische Göttin Rhiannon konnte sich in ein weißes Pferd verwandeln und Mars, der römische Kriegsgott, wurde diesem prachtvollen Tier zugeordnet. Arbeite mit der mystischen Kraft des Pferdes, wenn du Motivation und Glück benötigst.

Pferdezauber für positive Energie

Das Hufeisen ist ein traditionelles Glückssymbol, muss dabei jedoch immer mit der offenen Seite nach oben zeigen, damit das Glück nicht herausfallen kann.

- Male ein nach oben zeigendes Hufeisen auf Papier.
- Liste innerhalb der U-Form alle Dinge auf, die du in dein Leben integrieren möchtest. Wenn dir nichts Konkretes einfallen will, schreibe einfach »Glück«, »Wohlstand« und »Freude« hinein.
- Lege das Blatt unter deine Fußmatte, um die positive Energie in dein Zuhause zu locken.

AUGUST

Tarotkarte des Monats
DIE KRAFT

Das traditionelle Löwenbild auf dieser Karte sagt bereits alles. Der Löwe ist Symbol für innere Stärke, Willenskraft und einen unerschütterlichen Kern. Das Gefühl von Stärke ist zwar offensichtlich, doch keinesfalls Prahlerei, sondern vielmehr spirituelle Kraft und Beharrlichkeit, die Fähigkeit, über den Dingen zu stehen und weiterzumachen, wenn es schwierig wird. Die Person, für die diese Karte gezogen wurde, hat gerade eine schwierige Zeit durchgemacht oder stellt sich besonderen Herausforderungen, doch die Stärke ist ein gutes Omen. Sie sagt: »Du schaffst das, du hast alles Nötige, um nach vorne zu blicken. Du wirst das meistern!«

MIT DEN JAHRESZEITEN ARBEITEN

Jede Jahreszeit bringt ihre eigene Art mystischer Energie mit sich. Du kannst spüren, wie sich die Übergänge über die Erde legen und wie die Energien die Landschaft beeinflussen. Der Frühling verkündet Neubeginn, wenn die Erde erwacht und die Knospen sprießen. Im Sommer erstrahlt die Landschaft in allen Farben, Blumen stehen in voller Blüte und die Sonne ist nun am stärksten. Die Blätter verfärben sich im Herbst, das Licht nimmt ab und bereitet uns auf die Strenge des Winters vor, wenn alles in die Erde zurückkehrt. Um mit diesen Energien zu arbeiten, nimm wahr, wie du dich zu jeder Jahreszeit fühlst, und plane Aktivitäten, die zu deiner jeweiligen Stimmung passen. Dekoriere dein Zuhause mit saisonalen Blumen und bereite mit Genuss regionale Lebensmittel in ihrer Hauptsaison zu. Das bringt dich in Einklang mit dem Jahreswechsel.

DIE KRAFT

HERBST

Wie ein dunkler, dicker Mantel, der sich über deine Schultern legt, umhüllt dich auch der Herbst. Die kalte Luft bringt Augen und Wangen zum Leuchten, während die Landschaft sich rot und golden färbt. Es wird frisch und knirscht unter den Füßen. Dies ist die Jahreszeit des Wandels. Höre auf den Rat von Mutter Natur und überprüfe, bewerte und vertraue auf deine innere Weisheit. Es ist an der Zeit, dich neu zu erfinden.

Hier ein paar Höhepunkte der Jahreszeit Herbst.

SEPTEMBER

MOND – Erntemond

Zauber zum Ablegen schlechter Gewohnheiten, für Reichhaltigkeit, Liebe, neue Perspektiven und Wohlstand

BRAUCHTUM – Herbsttagundnachtgleiche, Mabon

BLUME – Aster

VOGEL – Falke

KRISTALL – Citrin

TAROT – Die Gerechtigkeit

OKTOBER

MOND – Jägermond

Zauber für Lebenskraft, mediales Bewusstsein, Heilung, zum Angehen von Herausforderungen und für Schutz

BRAUCHTUM – Samhain

KRISTALL – Rosenquarz

BLUME – Ringelblume

TIER – Wolf

BAUM – Eberesche

TAROT – Die Herrscherin

NOVEMBER

MOND – Bibermond

Zauber für Regeneration, Stärkung, innere Weisheit, zum Vermehren von Geld, einen Energieschub und Erfüllung

GOTTHEIT – Hekate

KRISTALL – Turmalin

PFLANZE – Basilikum

VOGEL – Krähe

BLUME – Chrysantheme

TAROT – Der Tod

SEPTEMBER

Im Nebel ruhet noch die Welt,
Noch träumen Wald und Wiesen:
Bald siehst du, wenn der Schleier fällt,
Den blauen Himmel unverstellt,
Herbstkräftig die gedämpfte Welt
Im warmen Golde fließen.

Eduard Mörike
»Septembermorgen«

SEPTEMBER

Name des Vollmondes

ERNTEMOND

Da dieser Vollmond zu einer Zeit am Himmel erscheint, wenn die Felder in voller Frucht stehen, er früh aufgeht und seine Helligkeit es den Bauern erlaubt, die Ernte frühmorgens und spätabends einzufahren, wird er auch Gerstenmond genannt. Sein kräftiger Schein erhellt den Himmel und ist zum Symbol für die Herbsternte geworden. Der Erntemond ist die ideale Zeit, seinen Standpunkt im Leben zu überdenken, zu reflektieren, was man bisher alles erreicht hat und was als Nächstes erledigt werden soll. Die Energie des Vollmondes eignet sich ausgezeichnet für einen Neubeginn und ist die perfekte Zeit, um reinen Tisch zu machen und neu anzufangen!

Erntemondzauber zum Ablegen schlechter Gewohnheiten

Jetzt ist eine gute Zeit, um alte Verhaltensmuster loszuwerden, die dir nicht guttun.

- Gestehe dir die Wahrheit über deine Angewohnheiten und Verhaltensmuster ein. Wie fühlst du dich mit ihnen? Sei mutig und erstelle eine Liste all der Dinge, die du dir gerne abgewöhnen würdest.
- Verbrenne diese in der Nacht des Erntemondes in den Flammen einer Kerze.
- Vergrabe die Asche in ein wenig Erde und sage: »Ich gebe euch in Liebe frei«.

HAUPTFEST

HERBSTTAGUNDNACHTGLEICHE: UM DEN 22.

Die Herbsttagundnachtgleiche fällt meistens auf einen Tag zwischen dem 22. und 24. des Monats und ist auch bekannt als Mabon oder Zweite Ernte. Es ist eine machtvolle Zeit, in der Licht und Dunkelheit wieder einmal im Gleichgewicht sind und Tag und Nacht von etwa gleicher Dauer. Die Sonne schwindet und die Nächte werden von nun an länger. Die Erde zieht sich langsam in sich zurück, um Bilanz zu ziehen und die Früchte einer reichen Ernte zu genießen.

Mabon ist der walisische Sonnengott. Er ist auch bekannt als das göttliche Kind und herrscht über Liebe, Magie und Weissagung. Als großer Jäger wird er sowohl von den Kelten als auch den Römern verehrt. Es wird vermutet, dass das Fest nach ihm benannt wurde, da nun die ideale Zeit ist, die letzten Sonnenstrahlen für eine letzte Jagd in Vorbereitung auf den Winter zu nutzen.

Mabonzauber für Reichhaltigkeit

Nimm den Rat von Mutter Natur an und begib dich auf Futtersuche!

Ein erfrischender Spaziergang bietet eine Fülle an kleinen bunten Geschenken, von Hagebutten über Holunder- und Brombeeren bis hin zu Pinienzapfen und viel buntem Laub. Genieße es, all die Dinge zu sammeln, die dir ins Auge fallen, und danke dabei der Erde dafür, dass sie dir diese bereitstellt. Wenn du nach Hause kommst, stelle deine Ausbeute in einer Schale zur Schau, die du auf deinen Esstisch oder an einen anderen gut sichtbaren Platz stellst. Sie soll dir als Erinnerung an die Fülle und den Wohlstand in deinem Leben dienen und noch mehr positive Energie anziehen.

SEPTEMBER

BLUME DES MONATS
ASTER

Diese gänseblümchenartigen Blumen haben ihren Namen von dem griechischen Wort für Stern. In der Antike waren sie aufgrund ihrer Form und ihres süßen Duftes sehr beliebt. Asterblüten wurden oft verbrannt, um böse Geister und Schlangen abzuwehren. Legenden zufolge flutete der griechische Gott Zeus die Erde, um die Menschen davon abzuhalten, Krieg zu führen. Die Göttin Astraea ertrug es nicht, sich die Zerstörung anzusehen, und bat darum, in einen Stern verwandelt zu werden. Aufgrund des Schmerzes über den Verlust so vieler Leben vergoss sie aus dem Himmel Tränen, die sich in Sternenstaub verwandelten. Wo die magischen Tränen die Erde berührten, wuchsen Astern. Sie gelten allgemein als Symbol für Geduld, Eleganz und Liebe und werden oft als Respektsbekundung auf die Gräber gefallener Soldaten gelegt.

SEPTEMBER

ASTERZAUBER FÜR LIEBE

Dieser Zauber kann auf jede Form von Beziehung angewandt werden.

- Hole dir eine Auswahl an pinken Astern und stelle sie neben einer rosa Kerze in eine Vase.
- Ritze mit einer Nadel ein Herz in das Wachs und zünde sie an einem Freitagabend an, dem Tag, der mit der griechischen Liebesgöttin Aphrodite assoziiert wird.
- Bitte um Liebe, ganz gleich ob um eine neue Liebe oder um die Stärkung einer bereits existierenden Liebe.
- Lass die Kerze herunterbrennen und gib den Astern jeden Tag frisches Wasser, während du deine Bitte wiederholst.

SEPTEMBER

Vogel des Monats

FALKE

In der Antike glaubte man, der Falke sei ein Bote der Götter, ein göttlicher Engel mit medialen Fähigkeiten. Aus großer Höhe beobachtet er seine Beute, bevor er sich auf sie stürzt. Ein gutes Auge ermöglicht es, Dinge aus einer anderen Perspektive zu betrachten. Dies schafft Objektivität und erlaubt rasches Handeln, falls nötig. Fühlst du dich mit dem Falken verbunden oder erscheint er in deinen Träumen, ist die Botschaft klar: Nimm einen neuen Blickwinkel ein, sei Zeichen des Universums gegenüber offen und vertraue deiner Intuition.

Falkenzauber für neue Perspektiven

Schaue dir ein beliebiges Bild an. Statt es dir als Ganzes anzusehen, betrachte es aus verschiedenen Blickwinkeln. Bedecke eine Hälfte und fokussiere einen Ausschnitt. Was fällt dir auf? Erkennst du etwas Neues? Übe wortwörtlich, Dinge anders zu betrachten, und du wirst sie auch im übertragenen Sinne aus einem neuen Blickwinkel sehen lernen.

Kristall des Monats

CITRIN

Wegen seiner stimmungssteigernden Fähigkeiten ist Citrin auch bekannt als Kuschelquarz und tatsächlich strotzt er nur so vor positiver Energie. Seine hellgoldene Farbe ist eine Hommage an die Sonne und in der Antike glaubte man, er trage die Kraft des strahlenden Himmelskörpers in sich. Man spricht ihm Selbstwert und Zuversicht steigernde Kräfte zu. Er ist ein Stein der Manifestation und kann dabei helfen, zu Wohlstand und Reichtum zu gelangen. Ein paar Citrine am Arbeitsplatz können gewinnbringende Gelegenheiten schaffen. Er ist außerdem der ideale Talisman für diejenigen, die unter Angstzuständen leiden, denn Citrin beruhigt und kann helfen, negative Gedankenspiralen und Verhaltensweisen zu durchbrechen.

Citrinzauber für Wohlstand

Probiere diesen Zauber für finanzielles Glück aus.

- Schreibe einen Scheck oder eine einfache Notiz wie: »Ich habe … € auf dem Konto.«
- Sei realistisch und wähle einen Betrag, der dir gerade helfen würde, ohne dabei gierig zu sein.
- Halte einen Citrin in beiden Händen und sage: »Dieses Geld ist nun mein!«
- Platziere den Stein dann auf dem Scheck und lass ihn für mindestens zehn Tage dort liegen.

SEPTEMBER

TAROTKARTE DES MONATS
DIE GERECHTIGKEIT

Mit dieser Karte ergibt sich die Frage: Kennst du deine Wahrheit? Wer bist du und was ist dir wichtig? Gerechtigkeit bedeutet Gleichgewicht, Fairness und Ehrlichkeit. Sei ehrlich zu dir selbst und zu anderen. Dieses Zeichen für bevorstehende widerfahrende Gerechtigkeit, entweder auf rechtlicher oder emotionaler Ebene, wird auch mit Leidenschaft assoziiert. Wir alle machen Fehler. Das Wichtigste dabei ist, von ihnen zu lernen. Prüfe deine Werte und dein Verhalten. Behandle andere, wie du gerne behandelt werden möchtest, und lass Gerechtigkeit ihre Magie in deiner Welt vollziehen.

KERZENMAGIE

Kerzenmagie arbeitet mit dem Element Feuer, um einen positiven Wandel einzuleiten. Im Volksglauben und in der Mythologie wird Feuer mit Transformation assoziiert. Mit Kerzen zu arbeiten ist also eine Möglichkeit, mithilfe dieses Elements Dinge anzuziehen, die man sich wünscht, und äußere Umstände zu beeinflussen. Je nach Anliegen werden unterschiedlich farbige Kerzen dafür verwendet. Weiß wird in der Regel zur Reinigung eingesetzt, Schwarz zum Schutz, Grün für Geld, Blau für Heilung, Gelb/Gold für Erfolg, Rot für Handeln und Rosa für die Liebe. Kerzen können mit Duftöl eingerieben werden, um ihre Kraft zu verstärken, und oft werden Symbole in ihr Wachs geritzt, bevor sie entzündet werden.

OKTOBER

Die Blätter fallen, fallen wie von weit,
als welkten in den Himmeln ferne Gärten;
sie fallen mit verneinender Gebärde.
Und in den Nächten fällt die schwere Erde
aus allen Sternen in die Einsamkeit.

Rainer Maria Rilke
»Herbst« (Auszug)

OKTOBER

Name des Vollmondes

JÄGERMOND

Jägermond, der erste Vollmond nach der Ernte, wird so genannt, da es nach der Ernte für die Jäger wieder einfacher ist, die Felder zu überblicken und Beute zu machen. Manche glauben, der Name sei eine Art Weckruf, ein Signal für die frühen Stämme, dass es an der Zeit ist, sich auf die harten Wintermonate vorzubereiten. Oft erscheint er nun viel größer und in einem orangen Farbton und wird daher auch als Blutmond oder Blutroter Mond bezeichnet.

Der Jägermond bringt einen Wechsel der Jahreszeiten mit sich. Die Blätter verfärben sich, die Erde reift und zieht sich zurück. Die Luft ist reich an Wandlungskraft und es ist die ideale Zeit, um Veränderungen willkommen zu heißen und mit seinen Plänen fortzufahren. Lass dir wie die frühen Völker vom Jägermond den vor dir liegenden Pfad beleuchten!

Jägermondzauber für Lebenskraft

Nimm mit dieser simplen Übung die Kraft des Jägermondes in dich auf.

- Stelle dich mit Blick auf den Mond hüftbreit hin, entspanne die Schultern, lege beide Hände auf deine Brust.
- Atme tief ein und strecke deine Hände nach oben aus.
- Wenn du ausatmest, lass jede negative Energie ziehen. Stelle dir vor, wie sie von deiner Brust aus in den Boden unter dir sickert.
- Blicke nach oben zum Mond und stelle dir bei jedem tiefen Atemzug vor, wie du die transformative Kraft des Mondes in dein Herz aufnimmst.
- Lege deine Hände, Handfläche auf Handfläche, wieder in der Mitte deiner Brust zusammen und entspanne dich.

HAUPTFEST
SAMHAIN: AM 31.

Samhain fällt zwischen die Herbsttagundnachtgleiche und die Wintersonnenwende und markiert das Ende des Sommers. Das heidnische Fest – auch Neujahrsfest der Hexen genannt – findet statt, wenn der Schleier zwischen den Welten dünner wird und die Geister und Feen auf Erden wandeln. An Samhain erinnert man sich und ehrt die Toten. Verlorene Seelen, die diese Welt verlassen haben, können nun leichter mit uns in Verbindung treten und mediale Fähigkeiten verstärken sich am Vorabend des Samhain. Für die Kelten war es das Totenfest, an dem sie Feuer entzündeten, um den Toten den Weg aus der Geisterwelt nach Hause zu leuchten. Hekate, der griechischen Göttin der Hexen, nahestehend, ist Samhain die perfekte Zeit, mit spirituellen Helfern Zwiesprache zu halten und mediale Weisungen zu erhalten.

SAMHAINZAUBER FÜR MEDIALES BEWUSSTSEIN

Lass dich von der Antike inspirieren und lass Platz an deinem Tisch frei für deine verstorbenen Liebsten.

- Decke deinen Tisch in der Nacht des 31., als würdest du Gäste zum Essen erwarten.
- Decke auch für deine verstorbenen Angehörigen ein und stelle Namensschilder auf.
- Wenn du Fotos von deinen verstorbenen Liebsten hast, stelle sie dort im Raum auf, wo man sie gut sehen kann.
- Stelle eine Vase mit weißen Blumen auf den Tisch, außerdem eine weiße Kerze, für Frieden und spirituelle Energie.
- Entzünde die Kerze und iss an dem Tisch zu Abend, doch bevor du abräumst, richte Worte der Liebe (laut oder leise) an deine verstorbenen Liebsten.

Kristall des Monats
ROSENQUARZ

Auch bekannt als Herzstein, besitzt der Rosenquarz eine sanfte, fürsorgliche Energie. Er steht für Leidenschaft und universelle Liebe und wurde bereits um 600 vor Christus als Liebespfand genutzt. Die alten Ägypter erkannten seine beruhigende Wirkung und nutzten ihn als Zutat für Gesichtsmasken, um den Teint zu glätten, und die alten Römer glaubten, er könne Falten vorbeugen! Als Heilstein ist er ein wunderbarer Begleiter, wenn man trauert oder ein gebrochenes Herz hat. Er bringt die Gefühle ins Gleichgewicht und öffnet das Herz für Liebe.

Rosenquarzzauber zur Heilung emotionaler Wunden

Meditiere zehn Minuten am Tag mit diesem Stein.

- Suche dir einen ruhigen Ort, lege dich hin und den Stein auf dein Herz-Chakra, dem Energiezentrum in der Mitte deiner Brust.
- Atme tief ein und aus und stelle dir vor, du badest von Kopf bis Fuß in einem hellen rosa Licht.
- Diese einfache Übung wird dein Herz für die Liebe öffnen, deine emotionalen Wunden heilen und mehr Liebe in dein Leben bringen.

OKTOBER

Blume des Monats

RINGELBLUME

Sie ist die Geburtsblume aller, die im Oktober geboren sind, denn die Ringelblume blüht auch diesen Monat noch strahlend. Sie steht wegen ihres Farbtons für die Wärme der Sonne. Sie fördert Kreativität und zieht Liebe in jeglicher Form an. Auf der ganzen Welt für ihre heilende Kraft bekannt, werden ihre essbaren Blätter und Blüten oft zur Heilung von Schnitten und Prellungen eingesetzt.

Ringelblumenzauber für Heilung

Tinktur für Wunden, Schnitte und Hauterkrankungen:

- Ein Glas zur Hälfte mit getrockneten Ringelblumenblättern und -blüten füllen; mit Apfelessig auffüllen und verschließen.
- Stelle das Glas an einen kalten, trockenen Ort und schüttle die Mixtur sechs Wochen lang täglich durch.
- Die Flüssigkeit durch ein Leintuch in ein Fläschchen oder Glas füllen; im Kühlschrank bis zu sechs Monate haltbar.

OKTOBER

TIER DES MONATS

WOLF

Der edle, oft missverstandene Wolf gilt als Symbol für Loyalität, Triumph und die Fähigkeit, auf vielen Ebenen zu kommunizieren. Er wird häufig dem Sternzeichen Waage zugeordnet. Er öffnet die Sinne und hilft uns auszudrücken, wie wir uns wirklich fühlen. Der nordische Gott Odin schätzte seine beiden Wölfe Geri und Freki für ihre überirdische Weisheit und Stärke und die Kelten glaubten, der Wolf stehe mit dem Mond und dessen Kraft in Verbindung. Als Wesen, das das Verborgene sehen kann, wurde er auch für seinen Verstand hoch geschätzt.

WOLFZAUBER ZUM ANGEHEN VON HERAUSFORDERUNGEN

Musst du dich einer Herausforderung stellen, nimm den Wolf als Totemtier an. Betrachte täglich für mehrere Minuten ein Bild von einem Wolf. Stelle dir dabei vor, du wärst der Wolf, du hast die gleichen Fähigkeiten und Stärken. Du findest dich in jeder Landschaft zurecht und teilst deine Bedürfnisse effektiv mit. Wiederhole das Mantra: »Ich bin ein Wolf, ich bin bereit.«

BAUM DES MONATS

EBERESCHE

Dieser auffällige Baum wird dem Monat Oktober zugeschrieben und an vielen Orten der Welt als heilig angesehen. So wurde in der nordischen Mythologie die erste Frau aus seinen Ästen erschaffen. Der Baum bietet einen hohen Schutz, denn ihm werden das Böse und Hexerei abwehrende Kräfte zugesprochen. Man trug Zweige von ihm bei sich, um Verzauberung abzuwehren, und eine Eberesche in der Nähe des Rinds galt als gutes Omen. Für die alten Griechen entsprang der Baum den Federn und dem Blut eines Adlers, der von den Göttern ausgesandt wurde, um einen magischen Kelch von Dämonen zurückzuerlangen. Seine Federn verwandelten sich in Blätter und seine Blutstropfen in die leuchtend roten Beeren des Baums.

EBERESCHENZAUBER FÜR SCHUTZ

- Stelle dich neben die Äste einer Eberesche.
- Lege deine dominante Hand auf die silbrige Rinde.
- Schließe deine Augen und flüstere dem Baum deine Ängste zu.
- Bitte um Schutz und die Stärke, die du benötigst, und vergiss nicht, deinen Dank auszusprechen.
- Wenn du dazu bereit bist, öffne deine Augen wieder und schaue am Stamm des Baums nach heruntergefallenen Blättern und Zweigen. Wähle aus, was dir gefällt, und trage es als Schutzzauber bei dir.

OKTOBER

Tarotkarte des Monats

DIE HERRSCHERIN

Die Herrscherin, schön und großzügig, ist ein Symbol für Wohlstand und weibliche Kraft. Sie repräsentiert Wachstum und Kreativität und wird oft mit Fruchtbarkeit assoziiert. Sie ist eine Frau auf der Höhe ihrer Kraft, Mutter Natur: mitfühlend, fürsorglich und im Mittelpunkt des Geschehens. Wird die Herrscherin gezogen, ist dies ein Zeichen dafür, dass die Dinge Früchte tragen werden. Was früher im Jahr gesät wurde, treibt nun Wurzeln. Alles, was du jetzt tun musst, ist, deine weibliche Kraft freizusetzen. Verbinde dich mit der Erde, tanke deine Seele durch lange Spaziergänge in der Natur auf. Erwecke deine Sinne zu neuem Leben und nimm die Schönheit wahr, die dich umgibt.

FARBEN

Mit Farben kannst du ganz einfach ein wenig Magie in dein Leben bringen. Jede Farbe löst bei bestimmter Frequenz eine Resonanz in uns aus, welche die Art und Weise beeinflusst, wie wir denken, handeln und fühlen. Aus diesem Grund umgeben wir uns oft mit Farben, durch die wir uns gut fühlen. Jede hat spezielle Eigenschaften und man geht davon aus, dass sie zu tragen oder sich mit ihnen zu umgeben, oder auch das Meditieren mit ihnen, helfen kann, uns mit diesen Energien zu verbinden. Weiß ist gut für Frieden und innere Ruhe, Blau heilt Wunden, Violett unterstützt die seelische Entwicklung, Rosa fördert Liebe und Romantik und Orange zieht Glücksgefühle an, Gelb stärkt das Selbstvertrauen, Grün eignet sich für Selbstdarstellung und Kreativität und Rot ist gut für Mut und Zuversicht.

DIE HERRSCHERIN

NOVEMBER

Der Sturmwind rast und der Regen schlägt
ans Fenster in schweren Tropfen –
Ich fühl in der tollen Novembernacht
mein Herz wohl hörbar klopfen.

Es schlägt in brennender Ungeduld
sehnsüchtig und beklommen ...
Ach, wenn die Stunde doch Flügel hätt'
und wäre der Winter gekommen!

Clara Müller-Jahnke
»Im Novembersturm«

NOVEMBER

Name des Vollmondes
BIBERMOND

Der Bibermond hat seinen Namen von den Bibern, die stets fleißig ihre Dämme bauen, bevor der Winter hereinbricht. Diese tüchtigen Kreaturen sind vor allem nachtaktiv und nutzen das glänzende Mondlicht, um ihr gemütliches Zuhause zu gestalten. Auch als Frostmond oder Trauermond ist er bekannt. Der Bibermond ist für viele Tiere, die sich während dieser Jahreszeit vor allem versteckt halten, die letzte Chance, sich noch einen Unterschlupf für den Winter zu bauen. Wie die Biber sollten auch wir die Chance ergreifen, nun noch einmal Verstand, Körper und Seele aufzutanken und uns auf die vor uns liegenden kühleren Tage vorzubereiten!

Bibermondzauber zur Regeneration

Nähre deinen Geist mit einem erholsamen Bad.

Du brauchst dazu ein paar weiße Kerzen, eine halbe Tasse Honig und eine Tasse Milch.

- Vermische die Milch und den Honig in einem Glas, entzünde die Kerzen und lass dir ein Bad ein.
- Gib nach und nach die Honig-Milch-Mischung in das einlaufende Wasser.
- Wenn die Wanne voll ist, lege dich hinein und stelle dir vor, wie die Erde dich wie ein Kokon umhüllt.
- Entspann dich! Die Mischung aus Honig und Milch macht deine Haut sanft und weich.

GOTTHEIT DES MONATS
HEKATE

Die griechische Göttin Hekate, auch bekannt als Königin der Hexen, ist extrem keck und magisch. Sie ist die Göttin der Scheidewege und wird mit dem Mond und der Unterwelt assoziiert. Sie ist bewandert in den medialen Künsten und der Zauberei. Oft tritt sie in der Gestalt eines alten Weibes auf, doch lass dich nicht täuschen! Die Göttin kann dir auch in Dreigestalt als junge Frau gegenübertreten und wird häufig von einem Rudel Hunden begleitet. Wenn du gerne einmal einen Blick auf sie werfen würdest, solltest du am besten bei Nacht auf die Jagd gehen, vor allem auf Friedhöfen, wo sie gerne den Geistern Gesellschaft leistet. Die Eule steht in enger Verbindung zu dieser weisen Göttin.

HEKATEZAUBER ZUR STÄRKUNG

Oft wird Hekate eine Fackel haltend abgebildet, die ihr nachts den Weg weist und mit der sie erhellt und beschützt. Rufe sie mit diesem Kerzenzauber an, um dich zu stärken.

Du brauchst hierfür drei weiße Kerzen, die die drei Gesichter der Göttin und gleichzeitig ihre Fackel symbolisieren.

- Bilde mit den Kerzen ein Dreieck. Entzünde die erste Kerze und sage: »In die Vergangenheit.«
- Entzünde die zweite Kerze und sage: »In die Gegenwart.«
- Entzünde die dritte Kerze und sage: »In die Zukunft.«
- Wenn alle Kerzen brennen, stelle dir vor, du sitzt unter einer dreieckigen Kuppel aus weißem Licht. Diese Kuppel beschützt dich vor jeglicher negativen Energie und durchflutet dich mit Kraft.

NOVEMBER

Kristall des Monats

TURMALIN

Der besonders wirksamen Schutz bietende Turmalin wird seit Jahrhunderten von afrikanischen Stämmen und den Native Americans als Talisman gegen das Böse genutzt. In China nutzte man den Stein als Schnitzwerkzeug für Skulpturen. Dieser auf der ganzen Welt begehrte Kristall kommt in vielen Farbtönen vor. Der Turmalin beruhigt Körper und Seele und unterstützt die Meditation. Er soll der ideale Stein sein, um Schamanen mit heilenden Kräften auszustatten. Außerdem kann er helfen, deine innere Weisheit freizusetzen, da er mediale Visionen und prophetische Träume erzeugt.

Turmalinzauber für innere Weisheit

Untersuche deine Träume und nächtlichen Gedanken.

- Hülle einen schwarzen Turmalin in ein seidenes Taschentuch und lege ihn unter dein Kissen.
- Bevor du einschläfst, bitte um prophetische Träume oder eine Nachricht aus der Geisterwelt.
- Sobald du aufwachst, schreibe auf, woran du dich erinnern kannst. Selbst, wenn es in diesem Moment für dich keinen Sinn ergibt, könnte es in der Zukunft wichtig sein.

Pflanze des Monats

BASILIKUM

Sein Name stammt vom griechischen Wort für König ab und er ist der Anführer der Heilkräuter. Einst glaubte man, er sei die Pflanze Satans, und wer ihn anpflanzte, würden die Erde verfluchen, damit er wächst. Im Mittelalter glaubte man, Hexen würden Basilikumsaft trinken, um fliegen zu können.

Neben diesem Ruf wird Basilikum auch eine Verbindung zur Liebe nachgesagt. Zu Zeiten der Tudors wurde er als Geschenk gereicht, in der Hoffnung, die beschenkte Person würde sich in die schenkende verlieben. In Italien galt eine Frau mit einem Topf Basilikum auf dem Balkon als bereit, einen Verehrer zu empfangen. Das Kraut bei sich zu tragen stärkt die erotische Ausstrahlung und dient auch als Geldmagnet.

BASILIKUMZAUBER ZUM VERMEHREN VON GELD

Hexen nutzen Basilikum, um Geld zu vermehren. Das liegt an den großen grünen Blätter der Pflanze, die Geldnoten ähneln.

- Stelle sicher, dass deine Brieftasche stets gefüllt ist, indem du immer ein frisches Blatt Basilikum darin aufbewahrst.
- Wenn du Geld zum Begleichen von Rechnungen oder für Reparaturen benötigst, stelle einen Topf Basilikum auf dein Fensterbrett, um die Summe, die du brauchst, anzulocken.
- Mache einen Aufguss aus frischen Basilikumblättern. Füge die abgeseihte Flüssigkeit dem Wischwasser hinzu. Stelle dir beim Putzen vor, der Boden wäre mit Gold gepflastert!

NOVEMBER

Vogel des Monats

KRÄHE

Die düster geheimnisvolle Krähe trägt machtvolle Magie in sich. Seit der Antike steht sie für Weisheit und wird als Bote zwischen den Welten betrachtet. Im Herzen ein Schwindler, liebt es die Krähe, Streiche zu spielen. Sollte sie dir im Leben oder in deinen Träumen begegnen, soll es dich daran erinnern, stets das Unerwartete zu erwarten. Die Druiden studierten für Weissagungen die Sprache und den Flug der Krähen und für die alten Griechen war es ein gutes Omen, eine Krähe zu sichten. Dieser Bewahrer von Geheimnissen und Erinnerungen ist ein geheimnisvolles Wunderding von einem Vogel.

Krähenzauber für einen Energieschub

Eine Krähenfeder ist nur schwer zu finden, doch wenn es dir glückt, nutze sie, um deine Aura zu reinigen.

- Halte sie in deiner dominanten Hand und wedle mit ihr leicht um deinen Kopf und an beiden Seiten deines Körpers entlang, als wolltest du Staub abbürsten.
- Wiederhole dies mindestens einmal pro Woche gegen Negativität und für einen Energieschub.

BLUME DES MONATS
CHRYSANTHEME

Gleich den dunkleren Herbstmonaten ist diese wunderschöne Blume ein Symbol für Erfüllung, Treue und ein langes Leben. Ihre Bedeutungen variieren je nach Farbton. In Frankreich und Deutschland symbolisiert eine rein weiße Blume Wahrheit, während eine hellgelbe Blüte in Japan für Licht steht und den belebenden Strahlen der Sonne zugeordnet wird. Wenn man ein einzelnes gelbes Blütenblatt am Boden eines Weinglases findet, garantiert dies dem Trinkenden ein glückliches und gesundes Leben.

CHRYSANTHEMENZAUBER FÜR ERFÜLLUNG

Tee aus Chrysanthemen (*Chrysanthemum morifolium* oder *Chrysanthemum indicum*) ist ein florales Gemisch, das für seine beruhigende Wirkung bekannt ist. Wenn möglich, nimm gelbe Blumen, um die Kraft dieses Zaubers zu verstärken. Du benötigst etwa fünf Blütenköpfe, heißes Wasser und Honig zum Süßen.

- Wasche die Blumenköpfe, dann lege sie in eine Schüssel und übergieße sie mit dem kochenden Wasser.
- Lass die Blumen für etwa zehn Minuten ziehen, dann seihe die Flüssigkeit durch ein Sieb in ein Glas oder eine Tasse.
- Füge einen Teelöffel Honig hinzu und verrühre ihn, um das Ganze zu süßen.
- Während du an dem Gebräu nippst, stelle dir vor, wie du glücklich und gesund von all deinen Lieben umgeben bist.

NOVEMBER

Tarotkarte des Monats
DER TOD

Diese Karte wird oft missverstanden und gefürchtet, doch sie ist eigentlich eine Offenbarung, denn sie verkündet einen Neubeginn. Wenn sie bei einer Tarotsitzung aufgedeckt wird, signalisiert sie zwar irgendeine Art von Ende, doch mit diesem geht immer auch ein neues Kapitel einher, ein unbeschriebenes Blatt und die Chance auf ein neues Abenteuer! Es ist Zeit für Wandel und neue Möglichkeiten. Veränderung steht bevor und ein Gefühl von Spannung liegt in der Luft. Es mag schwierig sein, die Vergangenheit loszulassen, doch es ist notwendig, um sich spirituell und emotional weiterzuentwickeln. Wie ein reinigender Wind, der durch dein Leben fegt, bringt auch die Tarotkarte Tod positive Energie, ein Gefühl von Erlösung und die Möglichkeit, Herzenswünsche für die Zukunft zu bestimmen.

AUREN

Jedes Lebewesen besitzt ein seinen Körper umgebendes Energiefeld, das man Aura nennt. Dieses Kraftfeld variiert in Farbe und Helligkeit, abhängig davon, wie die Person sich fühlt und was sie zu diesem Zeitpunkt durchlebt. Jemand, der wütend oder leidenschaftlich ist, hat vielleicht viel Rot in seiner Aura, während jemand, der sich gerade verliebt hat, womöglich viel Rosa besitzt. Begabte Medien können Auren sehen und lesen und sind in der Lage, daraus viel über die Gesundheit und die Gefühlslage der Person abzuleiten. Wenn man entspannt und auf seine Intuition eingestimmt ist, kann man eine Aura leichter erkennen.

DER TOD

WINTER

Es liegt eine Einfachheit in der Strenge des Winters, eine Eleganz in der schneebedeckten Landschaft, die einen dazu inspiriert, nach innen zu blicken und es sich gemütlich zu machen. Alles ist still, während die Erde neue Kräfte tankt, und auch die Motive dieser Jahreszeit passen zu dieser besinnlichen Stimmung. Schutz, Stärke und Selbstfürsorge stehen an erster Stelle, gefolgt von den Wellen kreativer Energie, die einem dabei hilft, Ideen umzusetzen, die in den Wintermonaten aufkeimen.

Hier ein paar Höhepunkte, die diese Jahreszeit kennzeichnen.

DEZEMBER

MOND – Kalter Mond

Zauber für Wohlbefinden, Glück, Schutz, Lebenskraft und zur Erfrischung des Geistes

BRAUCHTUM – Wintersonnenwende, Julfest

KRISTALL – Türkis

PFLANZE – Rosmarin

VOGEL – Rotkehlchen

TAROT – Die Mäßigkeit

JANUAR

MOND – Wolfsmond

Zauber für Selbstvertrauen, Glück, zur Wunscherfüllung, Reinigung, für Liebe, Geld und den sechsten Sinn

GOTTHEIT – Janus

KRISTALL – Granat

PFLANZE – Salbei

VOGEL – Eule

TAROT – Der Stern

FEBRUAR

MOND – SCHNEEMOND

Zauber für mehr Ordnung, Energie, mediales Verständnis, Kreativität und zum Hindernisse-Überwinden

BRAUCHTUM – Imbolc

KRISTALL – Amethyst

BLUME – Schneeglöckchen

TIER – Otter

TAROT – Der Mond

DEZEMBER

Wenn ungesehn und nun vorüber sind die Bilder
Der Jahreszeit, so kommt des Winters Dauer,
Das Feld ist leer, die Ansicht scheinet milder,
Und Stürme wehn umher und Regenschauer.

Als wie ein Ruhetag, so ist des Jahres Ende
Wie einer Frage Ton, dass dieser sich vollende,
Alsdann erscheint des Frühlings neues Werden,
So glänzet die Natur mit ihrer Pracht auf Erden.

Friedrich Hölderlin
»Der Winter«

Name des Vollmondes
Kalter Mond

In der dichten Finsternis des Winters erhebt sich der Kalte Mond, ein glühender Himmelskörper, der sein unheimliches Licht auf die Erde unter sich wirft. Den Namen verdankt er dem Rückgang der Temperaturen zu dieser Jahreszeit. Er ist auch als Lange-Nacht-Mond bekannt, da er in dieser Phase lange am Himmel steht. Er ist der Mond vor dem Julfest, der Feier der Wintersonnenwende. Er erhellt die Seele und bringt Gefühle an die Oberfläche. Hast du ein Problem verdrängt oder Gefühle in dich hineingefressen, kann es passieren, dass sich nun alles zuspitzt. Solltest du durcheinander und unentschlossen sein, könnte der Kalte Mond dir den Weg ebnen und helfen, Antworten zu finden, nach denen du suchst.

Kalter-Mond-Zauber für Wohlbefinden

Verbringe in der Nacht des Kalten Mondes ein wenig Zeit in ruhiger Besinnung.

- Verbrenne ein wenig ätherisches Geranienöl, um deine Gefühle ins Gleichgewicht zu bringen.
- Setze dich gemütlich hin, schließe deine Augen und zeichne die Form des Mondes vor deinem inneren Auge nach. Stelle dir vor, wie du nach oben schaust und ihn betrachtest. Lass Gedanken und Gefühle kommen und gehen, ohne diese festzuhalten. Atme einfach und lass die Mondenergie dich durchfluten.
- Wenn sich Probleme in deinen Gedanken auftun, entspanne dich einfach und lenke deine Aufmerksamkeit zurück auf den leuchtenden Kreis des Mondes.
- Wiederhole diese Übung jeden Abend für mindestens fünf Minuten, um Gesundheit, Wohlbefinden und inneren Frieden zu stärken.

DEZEMBER

HAUPTFEST

WINTERSONNENWENDE: UM DEN 21.

Auch bekannt als das heidnische Julfest, wird die Wintersonnenwende seit der Antike auf der ganzen Welt gefeiert. Sie markiert die längste Nacht und den kürzesten Tag und die Rückkehr der Sonne, wenn die Muttergöttin einmal mehr den Sonnenkönig zur Welt bringt. Als Feuerfest steht das Julfest für Fruchtbarkeit und den Kreislauf des Lebens. Die Römer feierten zu dieser Zeit die Saturnalien, bei denen sie ihr Zuhause mit immergrünen Zweigen dekorierten und Festmahle abhielten. Die Rückkehr des Lichts wird mit dem Entzünden des Julblocks markiert, das mit einem Stück Eiche aus dem Julblock des Vorjahres durchgeführt wird. Manchmal brennt das Feuer tagelang, doch immer wird ein Stück für das nächste Feuer aufbewahrt.

JULFESTZAUBER FÜR GLÜCK

Kreiere deinen eigenen kleinen Julblock als Zeichen für Wohlstand. Für die Dekoration benötigst du einen kleinen Holzscheit, etwas Kleber, Mistelzweigbündel, Stechpalme und Efeu zur Zierde, ein paar Pinienzapfen und Zimtstangen.

- Stelle sicher, dass eine Seite des Holzscheits etwas abgeflacht ist, damit du ihn eben auf einen Tisch stellen kannst.
- Verteile den Kleber auf der nach oben zeigenden Seite und verteile Mistelzweige, Stechpalme und Efeu darauf.
- Ist der Kleber getrocknet, positioniere Pinienzapfen und Zimtstangen darauf und klebe sie fest. Achte darauf, sie gleichmäßig auf dem Scheit zu verteilen.
- Lass das Ganze trocknen, dann stelle den Holzscheit an einen zentralen und gut sichtbaren Ort, damit jeder, der ihn sieht, sich an den Segen der Sonnenwende erinnert.

KRISTALL DES MONATS
TÜRKIS

Der Stein der Krieger, Schamanen und Mystiker. Der Türkis ist ein machtvolles magisches Hilfsmittel, das seinem Träger dazu verhilft, sich mit der Kraft des Universums zu verbinden. Bekannt für seine schützende Energie, wurde er in vielen Kulturen für Amulette und Talismane verwendet. Die Native Americans dekorierten ihre Grabstätten mit ihm und die alten Ägypter schätzten ihn als Symbol der Unsterblichkeit und Weisheit. In Verbindung mit dem Hals-Chakra, dem Energiezentrum, das über die Kommunikation und Selbstdarstellung herrscht, soll der Türkis die Kreativität steigern und seinen Träger*innen dabei helfen, ihren Charme zu entfalten.

TÜRKISZAUBER FÜR SCHUTZ

Türkis kann Schutz bieten und die Kreativität steigern.

- Lege ein Stück Türkis auf eine Fensterbank ins Licht des Mondes und lass ihn über Nacht dort liegen, sodass der Stein mit der mystischen Energie des Mondes aufgeladen wird.
- Lege den Stein am Morgen zusammen mit ein paar Pfefferkörnern in einen Amulettbeutel aus schwarzem Samt.
- Trage den Beutel als Glücksbringer in deiner Tasche bei dir.

DEZEMBER

PFLANZE DES MONATS

ROSMARIN

Rosmarin, welcher der griechischen Liebesgöttin Aphrodite heilig war, steht vor allem für Romantik. Oft wurde er in Hochzeitskränze eingewoben und der Braut als Geschenk und Zeichen der Liebe überreicht. Feen sollen das aromatische Kraut lieben, und wo immer es wächst, wird Rosmarin für Schutz, Stärke und Klarheit eingesetzt. Angeblich wächst er nur in den Gärten mächtiger Frauen, was die Verbindung zwischen Rosmarin und Hexen erklären könnte! Trage stets einen Zweig bei dir, um dich vor bösen Einflüssen zu schützen.

DEZEMBER

ROSMARINZAUBER FÜR LEBENSKRAFT

Gib dir mit dieser stärkenden Haarspülung einen Energieschub, der den Kopf freimacht und den Verstand schärft.

Du brauchst acht große Zweige Rosmarin und einen Krug.

- Gib den Rosmarin in den Krug und übergieße ihn mit kochendem Wasser; lass das Ganze über Nacht ziehen.
- Nimm am nächsten Morgen die Zweige aus dem Wasser, sodass nur noch die Flüssigkeit bleibt. Gieße sie in eine Tasse und füge ein paar Tropfen Apfelessig hinzu (etwa im Verhältnis eins zu zehn zur Rosmarinlösung).
- Vermische das Ganze gut und gieße es dir nach dem Haarewaschen als letzten Spülgang über den Kopf.
- Massiere es in deine Kopfhaut ein, bis es prickelt. Du solltest nun einen klaren Kopf haben und dich gestärkt fühlen. Kämme und style deine Haare wie gewohnt.

VOGEL DES MONATS
ROTKEHLCHEN

Stets mit einem Lied im Herzen und federnden Schrittes ist das Rotkehlchen im Winter ein willkommener Anblick. Seine rosenrote Brust bringt Farbe und Freude in die Landschaft, seine Beharrlichkeit und sein Elan erinnern uns daran, unseren Leidenschaften zu folgen und unseren Weg zu gehen. Es mag kalt draußen sein, doch das lebhafte Rotkehlchen hat dennoch Spaß. Lachen kostet nichts und ist die beste Medizin, das gehört zur besonderen Botschaft, die dieser Vogel uns überbringt. Als Symbol der Hoffnung und Erneuerung erinnert er uns daran zu lächeln. Lass dich von Kleinigkeiten nicht ins Schwitzen bringen, sondern konzentriere dich stattdessen lieber auf Dinge, die dich glücklich machen.

ROTKEHLCHENZAUBER ZUR ERFRISCHUNG DES GEISTES

Ziehe dich warm an und gehe Rotkehlchen beobachten.

- Stelle dich der Kälte, statt Winterschlaf zu halten. Spüre den Frost und lass ihn deine Wangen zum Leuchten bringt.
- Atme die Kälte ein und lass sie deinen Geist erfrischen.
- Grüße jedes Rotkehlchen, das du siehst, und entfache deinen Sinn für Humor neu!

DEZEMBER

TAROTKARTE DES MONATS
DIE MÄSSIGKEIT

Diese Karte fordert dazu auf, alle Seiten einer Situation zu betrachten. Als Friedensstifter fördert die Mäßigkeit Gleichgewicht und Harmonie. Sie ist eine willkommene Erleichterung, wenn das Leben gerade chaotisch ist, denn sie deutet darauf hin, dass die Dinge bald wieder ins Gleichgewicht geraten. Durchlebst du gerade eine Krise, sei zuversichtlich, dass die Situation bald besser wird. Selbstfürsorge ist wichtig, nimm dir Zeit nur für dich. Lass deinen Geist zur Ruhe kommen und meditiere mit der Karte der Mäßigkeit in deinen Händen. Bald solltest du dich körperlich und seelisch leichter fühlen.

TAROT

Ein Tarotdeck hat 78 illustrierte Karten, aufgeteilt in zwei Hälften: die großen und kleinen Arkana. Wie Spielkarten hat das kleine Arkanum vier Serien – Münzen, Kelche, Schwerter und Stäbe – mit zehn Zahlenkarten und vier Hofkarten (Bube, Ritter, Königin und König). Jede Serie herrscht über einen Bereich. Münzen stehen für Wohlstand, Kelche herrschen über die Gefühle, Schwerter sind Aktionskarten und Stäbe stehen für Ideen und Unternehmungen.

Die großen Arkana bestehen aus den 22 Karten, die über das Schicksal herrschen. Mit faszinierenden Bildern folgen sie dem Narren, der ersten Karte, der eine Reihe wichtiger Lebenslektionen erteilt bekommt. Das einst simple Gesellschaftsspiel wurde mit der Zeit immer häufiger zur Weissagung eingesetzt.

Zwar sind die traditionellen Decks sehr beliebt, doch es gibt sie mittlerweile auch in jedem anderen künstlerischen Stil.

DIE MÄSSIGKEIT

GLOSSAR

ABNEHMEND
Die Phase, in der der Mond schmaler wird.

AMULETT
Ein Schmuckstück oder ein Objekt, das Schutz gegen Gefahren und negative Energien bietet.

ANDERSWELT
Eine spirituelle Welt, die neben unserer eigenen existiert. Oft wird das Reich der Feen damit bezeichnet.

ANTIKE
Eine Zeit vor Hunderten von Jahren, in der die Menschen Sitten und Traditionen praktizierten, die stark mit ihrem Glauben verbunden waren.

AUFGUSS
Ein Tee aus in heißem Wasser eingeweichten Pflanzen und anderen Zutaten, um die Öle und Aromen zu extrahieren.

AURA
Das Energiefeld, das den Körper umgibt.

BEKENNTNIS
Eine positive Aussage, um einen Gedanken oder eine Überzeugung zu bekräftigen.

BRAUCHTUM
Geschichten, Überzeugungen und Gebräuche einer Kultur, die von Generation zu Generation weitergegeben werden.

CHAKRA
Einer der zentralen Energiepunkte im Körper, oft beschrieben als kreisender Ball aus farbigem Licht.

GLOSSAR

DRITTES AUGE
Das mediale Energiezentrum, oder Chakra, das sich oberhalb der Augen, in der Mitte der Stirn befindet.

GLÜCKSBRINGER
Ein mit spezieller magischer Energie durchdrungener Gegenstand, wie eine Glücksmünze, ein Stein oder ein Kristall.

GOTTHEIT
Ein übernatürliches Wesen, das als heilig gilt.

KERZENZAUBER
Ein Zauber, bei dem eine oder mehrere Kerzen eingesetzt werden, um ein bestimmtes Ergebnis zu erzielen.

KRÄUTERHEXE
Eine Kräuterhexe praktiziert Magie, die sich um das eigene Zuhause dreht, und verwendet hierfür alltägliche Zutaten aus dem Vorratsschrank und dem eigenen Garten.

MANTRA
Inspirierende und erbauliche Aussage, die oft wiederholt wird.

MEDITATION
Eine geistige Übung, bei der man Fokus, Bewusstsein und Entspannung einsetzt, um den Kopf freizubekommen.

MEDIZIN
Die heilende Kraft oder Lektion, die in Verbindung zu einem Tier, Vogel, einer Pflanze oder Blume steht.

MONDPHASE
Mit diesem Begriff beschreibt man die sich ändernde Form des Mondes am Himmel.

OMEN
Ein Zeichen, gut oder schlecht, das die Zukunft weissagt.

REINIGUNG
Die spirituelle Praxis, um einen Raum oder eine Aura von negativen Energien zu befreien.

RITUAL
Eine Reihe magischer Handlungen, ausgeführt in einer bestimmten Reihenfolge, die Gesten, Wörter und Handlungen und den Gebrauch bestimmter Zutaten beinhalten.

RITUS
Eine religiöse oder heilige Zeremonie oder Handlung, die ein Ereignis kennzeichnet.

SCHAMANE
Eine Person, die als Brücke zwischen dieser Welt und dem spirituellen Reich fungiert und Orientierung und Heilung bringt.

SECHSTER SINN
Ein medialer Sinn, auch Intuition genannt, der auf Bauchgefühl und Instinkten basiert.

SONNENWENDE
Der Moment im Jahr, wenn die Sonne entweder ihren höchsten oder ihren niedrigsten Stand am Himmel erreicht und damit entweder den Beginn des Sommers oder des Winters markiert.

SPRECHGESANG
Eine Reihe von Wörtern, die sich manchmal reimen, die mit einem magischen Vorhaben in einem Zauber oder Ritual wiederholt werden.

SYMBOLE
Zeichen, Male oder Formen, die eine bestimmte Bedeutung haben oder mit einer Idee oder einer Überzeugung assoziiert werden.

TAGUNDNACHTGLEICHE
Himmelsereignis, zweimal im Jahr, wenn die Sonne den Äquator kreuzt und Tag und Nacht etwa gleich lang sind.

TALISMAN
Ein Gegenstand, dem man magische Eigenschaften oder Kräfte zuschreibt, die das Böse abwehren oder Glück bringen.

TOTEM
Ein Tier oder ein Gegenstand aus der Natur, das bzw. der spirituelle Bedeutung hat und für eine Person oder eine Gruppe von Menschen als Sinnbild dient.

VERSCHMIEREN
Das Verbrennen heiliger Pflanzen und Harze, um einen Raum oder Körper zu reinigen.

VISUALISIERUNG
Die Fähigkeit, zu sehen und sich vorzustellen, was man gedanklich manifestieren möchte.

VOLKSGLAUBE
Überzeugungen oder Bräuche, die auf übernatürlichen Kräften basieren.

WAHRSAGEREI
Eine Möglichkeit, mithilfe einer bestimmten Übung wie dem Handlesen oder durch Hilfsmittel wie Tarotkarten oder Kristallkugel in die Zukunft zu sehen.

ZAUBER
Ein Wunsch, etwas zu verändern. Das Anliegen wird mit Energie vereint und manchmal werden äußere Hilfsmittel oder Wörter dazu eingesetzt.

ZUNEHMEND
Die Phase, in der der Mond größer wird.

DIE AUTORIN

Alison Davies ist Autorin von über dreißig Büchern, sie leitet an Universitäten in ganz England Workshops zum Thema Storytelling. Alison schreibt für viele Magazine, darunter für Chat It's Fate, Fate and Fortune, Spirit and Destiny und Kindred Spirit.

DANKSAGUNG

Ich möchte Stacey Cleworth einen großen Dank aussprechen für ihre Hilfe dabei, den Inhalt dieses Buches in Form zu bringen und es zu etwas so Besonderem zu machen. Auch Emily Lapworth und dem Team bei Quadrille möchte ich danken für ihre exzellente Arbeit, alles zu einem Ganzen zusammengefügt zu haben. Außerdem wäre The Mystical Year nichts ohne die faszinierenden Illustrationen von Anastasia Stefurak. Und zum Schluss danke ich ganz herzlich all den Geschichtenerzähler*innen, Mystiker*innen und Seher*innen, die die Magie der natürlichen Welt erkannt haben und die mich als Autorin permanent inspirieren. Eure Geschichten von Wundern sind das Herzstück dieses Buches.

Titel der Originalausgabe: The Mystical Year
Erschienen bei Quadrille, einem Imprint von Hardie Grant Publishing

Copyright Text © Alison Davies 2020
Copyright Illustrationen © Anastasia Stefurak 2020
Copyright Design und Layout © Quadrille 2020

Deutsche Erstausgabe
5. Auflage 2023
Copyright © 2020 von dem Knesebeck GmbH & Co. Verlag KG, München
Ein Unternehmen der Média-Participations

Projektleitung und Lektorat: Anja Sommerfeld, Knesebeck Verlag
Übersetzung: Janika Krichtel, Flonheim
Umschlagadaption: Leonore Höfer, Knesebeck Verlag
Satz und Herstellung: Arnold & Domnick, Leipzig
Druck: LEO Paper
Printed in China

ISBN 978-3-95728-502-7

Alle Rechte vorbehalten, auch auszugsweise.
www.knesebeck-verlag.de